KB125973

서민금융연구원장 조성목이 전하는 금융 치유서

머니 테라피

머니 테라피

초판 1쇄 발행 2020년 1월 30일
    2쇄 발행 2020년 2월 1일

지 은 이   조성목
발 행 인   권선복
편   집   권보송
원고정리   조정아
디 자 인   김소영
전 자 책   서보미
발 행 처   도서출판 행복에너지
출판등록   제315-2011-000035호
주   소   (157-010) 서울특별시 강서구 화곡로 232
전   화   0505-613-6133
팩   스   0303-0799-1560
홈페이지   www.happybook.or.kr
이 메 일   ksbdata@daum.net

값 15,000원

ISBN 979-11-5602-771-3   (13320)

Copyright ⓒ 조성목, 2020

도서출판 행복에너지는 독자 여러분의 아이디어와 원고 투고를 기다립니다. 책으로 만들기를 원하는 콘텐츠가 있으신 분은 이메일이나 홈페이지를 통해 간단한 기획서와 기획의도, 연락처 등을 보내주십시오. 행복에너지의 문은 언제나 활짝 열려 있습니다.

서민금융연구원장 조성목이 전하는 금융 치유서

머니 테라피

조성목 지음

도서
출판 행복에너지

TANK DRIVER, 금감원 대책반장!
서민금융 명의(名醫)로 돌아오다

'Festina Lente!'라는 말이 있다. '천천히 서둘러라!'는 뜻이다. 이 격언은 2천 년 전 로마 황제 아우구스투스의 좌우명이었다. 또한 필자가 서민금융에 대해 갖고 있는 평소의 지론과 신념을 투영할 때 쓰는 말이기도 하다.

사금융 양성화를 통한 금융피해 방지 노력은 오래전부터 시작되었다. 1964년 '대금업 단속에 관한 법률안'이 정부에 의해 제안되기도 했고, 1995년 법안 제정논의 등이 있어왔다. 불법 사금융을 법망에 담으려는 노력이 국민의 여망과 관련 공무원들의 열정으로 계속되었다.

2001년 3월 당정협의를 거쳐 금융감독원에 사금융 피해 상담센터를 설치했다. 대한민국 역사상 처음으로 사채피해신고를 받으면서 베일에 가려져 있던 잔혹한 고리대금업의 민낯이 드러났다. 수

백 번의 언론 보도를 통해 국민 정서와 국회의원들을 움직였다.

2002년 7월, 드디어 국회에서 1년 동안 잠자고 있던 법안이 세상으로 나왔다. 오랫동안 막혀있던 물꼬가 일시에 뚫린 것이다. 여러 제도와 기관의 정비로 이어졌다. 제도만이 아니라 고리사채에 신음하는 서민들에게 적극적이고 실질적인 도움이 될 수 있는 맞춤 대출 지원을 위해 2005년 12월, '한국이지론^(현 서민금융진흥원 맞춤대출)'을 설립했다.

2008년 미소금융, 희망홀씨, 햇살론, 바꿔드림론 등을 고안하며 서민금융지원에 열중하고 있던 때에 저축은행 사태, 신용카드 정보유출 사태 등 대형사건이 터져 이를 정리한 후, 2015년 본연의 자리로 돌아가 서민금융지원국, 중소기업지원실을 맡는 선임국장으로 복귀했다.

그런데 그 자리도 만만찮았다. '보이스피싱 사기범'들이 기다리고 있었던 것이다. 전 국민을 대상으로 무자비하게 사기를 치는 것을 보고 분노를 참지 못해 사기범들의 목소리를 공개하는 '그놈 목소리'를 세상에 공개하며 전쟁을 치렀다. 홍보를 강화하기 위해 똑같은 소재를 갖고 '그놈 목소리', '그녀 목소리', '그분 목소리'에 이어 목소리 분석자료까지 만들어서 공중파 방송 3사에 연속해서 네 번을 홍보했다. 사기범들로부터 페이스북 해킹을 당해 곤욕을 치르긴 했지만 효과는 바로 나타났다. 연간 2천억 원에 달하던 사기

피해액을 1천 3백억 원까지 감축시키면서 보람도 컸다.

야전사령관으로서 현장에서 고군분투하면서 다른 동료들에 비해 험한⑺ 일들을 많이 하다 보니 '저승차사', '미스터 쓴소리' 같은 강한 닉네임도 얻었다. 그 악명들 덕택에 필자가 잃은 것도 많지만 필자에겐 자랑스러운 훈장과도 같다. 2016년 금융감독원을 퇴직한 후에도 서민지원에 대한 미련을 버리지 못하고 서민금융연구원을 설립하게 되었고, 뉴스토마토 TV에 고정 출연하는 등 서민금융에 대한 관심의 끈을 놓지 못하고 있다.

서민금융연구원은 은행의 문턱조차 넘지 못하는 서민들, 이들이 처한 금융과 복지 사각지대에서 한 줄기 희망의 빛이 되고 싶다는 염원에서 모색된 기구다. 2017년 9월 17일에 뜻을 같이하는 40~50명이 모여 설립한 서민금융연구원이 금융위로부터 사단법인으로 인가를 받고 2018년 5월 초에 연구원으로 개칭했다. 그 이후 필자는 2019년 4월 한국FPSB 상근부회장에 취임해 서민금융연구원 업무와 병행하고 있다.

두 기관에서 일하는 것은 여러모로 좋은 시너지를 낼 수 있었다. 한국FPSB는 개인금융 분야의 국제공인재무설계사(CFP) 등 재무설계 전문가를 양성하는 금융위원회 산하 사단법인이다. 서민금융과 관련해 기존의 서민금융진흥원, 신용회복위원회 등은 정부 정책의 집행기관 영역에 한정되어 있었던 반면 이제는 이러한 집행기관의 정책 실행을 돕고, 입법기관에 올바른 정책을 제안하며 서민들의 합리적인 선택에 도움을 주는 일련의 서민금융 연구기관이 필요한 시점이다. 이것이 필자가 생각하는 서민금융연구원의 그림이었다. 게다가 경기가 어려워지면서 중산층이 어려운 나락에 떨어지는 것을 막기 위해서는 사전 재무설계가 필요하다고 생각하여 재무설계 전문가 양성기관 업무를 병행하고 있는 것이다.

제도란 하루아침에 완성되는 것이 아니다. 서민금융연구원은 앞으로 다른 경제 분야의 연구기관들이 하는 일처럼 서민금융 관련 각종 데이터를 산출하고 이에 따른 분석과 대안 모색을 꾸준히 해나갈 것이다. 더 늦기 전에 여전히 손댈 것이 많은 서민금융에 대한 일들을 '천천히 서두르면서' 찾아나갈 것이다. 연구활동을 하면서도 시의적절한 이슈를 늦지 않게 때에 맞춰 다룰 것이다.

그러면 도대체 서민금융이란 무엇인가? '금융'이란 가치중립적 명사 앞에 '서민'이란 가치개입적 단어가 붙음으로써 이미지로는 지향성이 그려지지만 구체적 의미는 잘 정의되지 않는다.

강학적講學的으로도 정의되어 있지 않다. 개념상 서민금융이란 소득 또는 재산이 일정수준 이하인 서민들에게 제공되는 금융서비스로 정의되기도 한다. 정부가 제공하는 정책금융 지원의 수혜대상과 일부 겹치기도 한다. 그러나 우리나라에서는 대개 정량적 기준으로 서민을 정의하여 신용등급 6등급(또는 7등급) 이하의 저신용자 또는 중위소득 50%(또는 70%) 이하 계층으로 보고 있다.

이렇게 정의해 놓고 보면 쉽게 이해되는 것으로 오해하기 십상이다. 하지만 저신용 또는 저소득 계층에 금융이 지원되어야 한다는 목표와 그 지원이 현실화되는 것은 어쩌면 전혀 다른 관점일 수도 있다. 서민금융이라 할지라도 금융의 본질인 원리금 상환가능성을 배제하고는 처음부터 논의가 될 수 없기 때문이다.

정부의 서민금융정책은 서민금융과는 다른 영역이다. 정책적 고려에 따라서는 복지적 측면이 개입될 수 있고 나아가 사회안전망 차원에서 설계될 수도 있다. 그러나 서민금융이라 해서 금융의 본질을 벗어날 수는 없다. 그런 점에서 정부가 서민금융 지원사업에 직접 나서는 것은 본질적으로 한계가 많다. 서민금융의 대상이 저신용자건 저소득층이건 필자는 금융의 틀 안에서 해법을 찾아야 한다고 생각한다. 다시 말해 서민에 대한 금융서비스도 상환가능성을 기본에 두어야 한다는 것이다.

좀 더 많은 서민들이 금융에서 소외되지 않기 위한 핵심은 원리금상환을 위한 체력을 기르도록 도와주는 것이라 본다. 소득이 없거나 최저생계비 이하 소득계층의 금융수요는 복지나 사회안전망의 영역이다. 다만 현재의 소득만으로 장래의 원리금상환가능성이 낮은 경우에는 소득의 증대나 가처분소득의 확대를 통한 상환가능성을 높여주는 쪽으로 접근해야 할 것이다. 그러기 위해서는 단순히 종래의 양적인 지원만이 아닌, 서민 가계경제의 근본적인 체질 개선을 위한 개개인의 재무상황과 소비패턴에 맞는 맞춤형 컨설팅 서비스가 필요하다.

한의학 고전 『황제내경』에 '치미병治未病'이라는 말이 있다. 병이 되기 전에 치료하는 것이 제일 효과적이라는 뜻이다. 병에 걸리기 전에 예방을 해야 한다는 의미고, 큰 병이 오기 전 작은 병일 때 잘 다스려야 한다는 소리다. 전작 『머니힐링』이 사채의 병폐와 맞서서 얻은 임상경험을 주로 담았다면 이번 『머니테라피』에는 더 이상 서민들이 슬픈 선택을 하지 않도록 증상을 보고 그때그때 처방하는 대증요법이 아닌 근원적인 체질개선책을 담고자 노력했다. 그래서 그들이 금융장수를 누리기를 희망한다.

한편, 책의 중간 중간에는 서민금융 현업에 종사하는 분들에게 다소나마 참고가 될까 싶어 필자가 준공직자로 근무하면서 정책을 제안하게 된 배경이나 소신을 담아보았다.

빚으로 인해 몸도 마음도 아픈 사람들이 많다. 그분들이 어두운 터널을 지나 빛을 보는 그날까지 필자는 오늘도, 내일도 천천히 서둘러 걸어가려 한다.

권혁세
(前 금융위 부위원장, 제8대 금융감독원장)

"경제가 어려워지면 항상 서민들의 금융에 대한 목마름은 커지는 반면 서민을 노리는 금융범죄는 늘어납니다."

2011년 제가 금감원장이었던 시절에 저축은행의 부실사태를 공정하고 합리적으로 처리했던 대책반장 조성목 원장은 2001년부터 사채양성화 등에 기여하면서 쌓아온 노하우를 바탕으로 서민금융의 불모지에서 누구도 선뜻 나서지 않는 서민금융에 대한 연구를 위해 서민금융연구원이라는 사단법인을 만들었습니다. 이러한 기관을 국내에서 최초로 만들었다는 점에서 이미 조성목 원장은 선구안을 가진 사람임이 분명합니다. 그의 뚝심과 추진력을 바탕으로 쓰여진 이 책은 많은 서민들은 물론이고, 금융기관 종사자 및 정책을 입안하는 많은 분들에게 도움이 될 것으로 확신합니다.

김용환

(前 NH농협 금융지주대표이사회장, 한국FPSB 회장)

우리 한국FPSB 부회장 겸 서민금융연구원 조성목 원장은 공직자 출신 중에서도 야성이 강하고 패기가 충만한 사람입니다. 아무리 높은 벽에 부딪혀도 근면성, 성실성, 열정을 가지고 극복해 나가며, 무에서 유를 창조해 나갈 줄 알기 때문에 남들이 선호하지 않는 서민금융, 재무설계 영역에서도 여러 기관과 기관, 사람과 사람을 잘 연결시키고 시너지를 발휘케 하는 능력을 가진 사람입니다. 맞춤형 재무상담과 신용상담을 기초로 한 가정경제의 회복과 더불어 계층 이동의 사다리 역할을 하게끔 하는 제도적·실천적 방안을 담은 이 책은 금융과 관련된 사람이라면 꼭 읽어봐야 한다고 생각합니다.

민병두

(국회정무위원장, 서민금융연구원 정회원)

질병도 개개인의 발병 원인이나 건강 상태에 따라 치료법이 다르듯이, 금융의 문제도 그 원인이나 처한 환경에 따라 다르게 접근해야 합니다.

　조성목 원장은 금융감독원을 퇴임하고 사단법인 서민금융연구원을 설립하여 서민금융에 대한 연구를 계속해 왔습니다. 민간 상담기능을 활성화하기 위해 금융주치의를 양성하는 원장의 넘치는 열정과 노력에 박수를 보냅니다.

　그동안의 공직 경험, 금융의 노하우와 그의 열정이 녹아 있는 이 책은 서민들에게 희망을 주고, 미래를 살아가는 큰 힘이 되는 좋은 치유서가 될 것입니다.

김용태
(국회의원, 前 정무위원장)

　서민들을 위한 금융정책은 금융산업 발전 이상으로 금융당국과 금융권, 그리고 여러 관련기관들의 중요한 책무임에도 불구하고 그동안 서민금융 영역이 상대적으로 도외시돼 왔던 것이 사실입니다. 그래서 서민들의 눈물과 아픔을 감싸주고 그들의 경제 일상을 회복하는 데 도움을 주기 위해 금감원을 퇴임하고도 서민금융연구원을 설립하여 물심양면 노력하는 조성목 원장의 한 걸음 한 걸음은 더없이 소중할 수밖에 없습니다. 항상 진취적이고 열정적이며 추진력 있는 역사를 살고 있는 그의 발자취가 담긴 이번 책을 한 장 한 장 넘기면서 저 역시 더 힘을 보태겠다고 다짐해 봅니다.

박선숙

(제8대 환경부차관, 국회의원)

한계 상황에 직면한 금융이용자들의 채무문제는 단지 채무자 개인의 문제에 국한되지 않고 가족들에게 대물림되고 있으며, 사회적 문제가 되고 있습니다. 그런 의미에서 서민금융연구원의 '가정경제주치의' 프로그램은 의미 있는 한 해법이 될 수 있습니다.

저도 저자가 원장으로 있는 (사)서민금융연구원에 금융주치의 제도에 관한 연구과제 연구를 의뢰해 그 타당성을 검토한 바 있습니다.

저자는 금융감독원 재직 시 저축은행, 신용카드 사태 등 중요한 현안을 담당했고, 보이스피싱 사기 예방을 위해 '그놈 목소리'를 공개하는 데 앞장섰습니다. 뿐만 아니라 저자는 제가 발의해 2011년 시행된 보이스피싱 피해금 환급에 관한 특별법 제정 과정에도 많은 조언을 하는 등 남다른 열정을 보여주었습니다.

대한민국의 독보적인 서민금융전문가 조성목 원장이 지은 『머니테라피』는 일시적 부채 해결이 아니라 근본적인 채무 탈출의 해법을 찾고, 많은 서민들에게 더 나은 미래를 꿈꿀 수 있도록 하는 길잡이가 되리라고 기대합니다.

빚투,
남의 일이 아니다

금융기관의
허와 실

PART 7 금융교육,
어떻게 이루어지나

"돈은 인간을 자유롭게 하기도 하고 노예로 만들기도 한다."

- 니체 -

PART 1

빚투,
남의 일이 아니다

함무라비 법전에도 기록되어 있는 '대출'

가난의 대물림, 빚의 사슬

힘든 삶을 파고드는 사채

숨겨진 재산과 빚을 찾아서

함무라비 법전에도
기록되어 있는 '대출'

대출이라는 이름의 제도로 자리를 잡은 것은 기원전 3천 년경으로 추정된다. 메소포타미아 문명의 시기로 거슬러 가서 당시 수메르인들은 곡물이나 은과 같은 귀금속을 무게로 달아 빌려주고 그 이자를 받았다고 한다. 인류 최초로 도장을 사용한 민족 역시 수메르인이다. 도장이 분배, 매매, 계산 등의 내역을 보존해야 할 필요성에서 만들어지는 도구라는 점에서 원시적인 형태일지라도 이미 대출을 시행했던 수메르인들이라면 충분히 만들어 사용했을 것이라 추측할 수 있다.

💲 함무라비 법전에도 기록되어 있는 대출
- 울 아버지도 60평생을 계주契主로 사셨다

현재의 금융 시스템을 지지하고 있는 가장 큰 틀은 무엇일까? 바로 '대출'이다. 누군가가 필요로 하는 물건이나 재화를 제공하고, 그것을 돌려받으면서 빌려준 데에 상응하는 대가를 받는 시스템은 인류가 도입한 원초적인 경제생활 방식이라고 할 수 있다.

함무라비 법전에도 '상인이 곡물을 빌려줄 때 곡물 1구르에 대해 100실라의 이자를 받는다'는 조문이 있다. 그 외에도 "돈으로 돈을 벌면 안 된다Pecunia Pecunian parere non potest."라고 했던 아리스토텔레스의 말이나 대금업과 이자수취를 금지한 기독교나 이슬람교의 교리에서도 대출의 원형은 언뜻 나타나 있다. 그러다가 르네상스 해방기에 성장의 개념과 더불어 성장의 원동력으로서 '부채'의 효용이 인정되기 시작한다. 대출을 통해 부를 창출하는 현대적인 개념의 은행이 형태를 잡은 것은 14세기였다.

이탈리아의 페루치가 가문은 위명을 떨치던 금융 가문이었다. 중세 유럽의 국왕과 제후에게 거액의 금전을 융통해 거대한 이익을 취했다. 세계 최초의 은행인 네덜란드의 암스테르담 은행은 1609년에 설립됐다. 18세기 아담 스미스는 차입자가 대출자에게 주는 이자를 인정했다. 근대에 들어서 1920년대 제너럴모터스가 할부금융 제도를 도입했다. 빚에 대한 도덕적 규율에서 탈피하여 부채가 '신용'이라는 외피를 제도적으로 덮어쓰게 된 것이다.

'담보'는 돈을 빌릴 사람이 돈을 갚을 능력이 됨을 증명할 수 있는 신용의 척도가 되었다. 돈을 갚지 못할 경우 대신 갚아줄 사람을 내세우는 보증이라는 이름의 인적 담보와 돈을 갚지 못할 경우 대신 가져가도 될 물건을 내세우는 물적 담보는 대출사의 든든한 먹이가 되었다.

고조선 8조 금법에서도 대출의 잔재는 찾아볼 수 있다. '남의 신체를 상해한 자는 곡물로 보상한다.'라는 항목만 봐도 알 수 있다. 내 것을 남에게 나눠준다는 개념의 대출이 있었다.

산업화 태동기인 우리나라의 60년대나 70년대는 어땠을까. 시골에서 자라온 필자가 학교 다닐 때만 해도 금융 수단은 '쌀 계'였다. 친척들 5~6명이 모여서 형편이 어려워 목돈이 필요한 사람(소위 '계주' 또는 '설립자'로 불렀다.)을 1번으로 시작해서 각자의 번호를 정해 놓고, 매년 순차적으로 목돈을 타 갔다. 자신의 순번이 와서 계를 타는 날이면 그날은 동네 잔칫날이었다. 다들 모여 앉아 맛있는 음식도 나누어 먹으며 상호협력으로 탄생한 '목돈'을 두고 뿌듯해했다. 그 목돈이 바로 먼 훗날 자신이 갚아야 할 '빚'인 줄도 모르고 말이다.

그나마 그때는 인정人情이 많았다. 계원들이 친인척이다 보니 계원 중 1명이 곗돈을 못 내면 다른 사람들이 조금씩 더 내어 계주에게 약속한 20가마니의 쌀을 채워준다. 때로는 제때에 곗돈을 못 내 안타깝기도 했지만 워낙 가까운 친척들 간의 거래이기 때문에 그리 심하게 다투는 일은 없었다. 필자의 부친은 60세가 넘어서까지 계주로서 마련한 돈으로 5남매의 자식들을 뒷바라지했던 기억이 생생하다. 지금 생각해 보니 그 당시를 살았던 분들의 대부분의 삶이 그랬겠지만 빚으로 빚을 돌려막기 하시면서 인생의 대부분을 살아오신 셈이다. 시골에서 상호부조의 계는 참으로 착한 금융이었다.

💲 강력한 빚 사회로 진입하게 된 기원

1997년 외환위기 이후 시장이자율이 하늘 높은 줄 모르고 천정부지로 치솟았다. 1998년 1월 IMF(국제통화기금) 권고로 연 40%로 규제해 온 법적상한금리 제한(이자제한법)이 폐지되었다. 또한 외화도입

촉진을 위한 '외국인투자촉진법 제정', '신용카드규제 완화' 등 다양한 소비촉진정책을 펼치기 시작했다. 결과론적으로 많은 부작용을 낳게 된 '소비촉진정책'이었지만 그 당시에는 문 닫는 기업들을 다급하게 살리기 위한 고육지책으로 인정됐다. 개인들의 빚으로 기업들을 회생시켰다는 따가운 눈초리를 생각할 수 있는 상황이 아니었다. 어떻게 해서라도 경기를 부양할 수밖에 없었던 다급한 상황이었다.

상환능력과 무관하게 신용카드사 간 신용정보 공유도 안 되는 상황에서 신용카드 발급을 남발하고, 연 130% 이상 수취하는 외국계 대부업자들이 무차별 국내에 상륙하게 된 배경에는 '가계부채 증가'라는 어두운 그림자가 있었다. 당시만 해도 돈을 빌려주어 소비를 촉진시키는 금융사는 '악惡'이 아니었다. 돈이 없는 어려운 서민들에겐 참으로 고마운 정책이었다. 물론 나중에 신용카드 사태, 소액대출 부실화 등 많은 부작용이 나타났다. 물론 고의성이야 없었겠지만 어찌 보면 금융사와 정부가 긴밀한 밀월관계라도 가졌다고 할까?

2002년 대부업법이 시행된 직후만 해도 괜찮았다. 하지만 문제는 영세 사채업자들이 등록 대부업으로 진출하면서 생겨나기 시작했다. 대부업에 등록하면 최고 연 66%까지 이자를 받을 수 있는 반면 무등록자는 연 30%까지밖에 이자를 받지 못하니 법의 보호망 아래 들어온 사채업자들이 대부업 시장을 어지럽히기 시작했다. 전 세계적인 경제불황 속에 제1금융권인 시중은행, 저축은행을 위시한 제2금융권, 그리고 흔히 사금융으로 불리는 제3금융권에서 부담하는 리스크는 각각의 영역에서 거대하게 팽창하기 시작했다.

2008년 글로벌 금융위기 직후부터 미국에서 등장한 '약탈적 대출'이란 용어는 우리나라에도 상륙했다. 금융사의 과도한 탐욕, 사악한 고리 이자, 불법적인 채권추심, 연대보증 등으로 인한 엄청난 부작용을 없애기 위해 법 제정과 함께 사채피해 방지를 위한 다양한 노력들이 있었다. 그럼에도 불구하고 금융 시스템에서 담을 수 없는 사각지대는 늘 존재했다. 그 안에서 활개 치는 불법적인 사금융이 점점 진화된 모습으로 여전히 서민들의 삶을 쥐어짜고 있다.

그렇다면 오늘날의 모습은 어떠한가. 디지털이 온라인과 결합되어 대량화, 정형화된 형태로 대출시스템은 물론 화폐금융의 본질마저 바꾸고 있다. 이것은 전 세계적인 현상이다. 그 좋은 예가 새로운 시스템의 금융 기술인 핀테크의 가장 큰 축을 담당하고 있는 'P2P 대출'이다. 더 획기적인 것도 있다. 최근 출시되어 암호화폐 시장을 뒤흔들고 있는 페이스북 암호화폐 '리브라'가 바로 그것이다. '리브라'를 통해 암호화폐 대출 서비스를 활용할 수 있고, 신용 조회나 서류 작업 없이 '매틱 토큰'으로 현금을 빌리거나 이자를 받을 수 있다. 기존 은행을 와해시키고 소셜 네트워크가 실질적인 '준비은행'이 될 수도 있다. 페이스북의 사용자가 20억 명 이상이라고 하는데 만약 이 중 일부만 수백 달러의 리브라를 구매해도 전 세계 경제는 엄청난 영향을 받을 것이다. 오늘도, 내일도 대출은 '모양'과 '성격'을 바꿔 우리의 삶과 함께하고 있다.

💲 '빚투'를 짊어진 서민들의 현실

우리나라의 국민들은 당장의 끼니를 걱정하는 시기를 지나 세계 7번째로 국민소득 3만 불 시대를 맞이했다. 그런데 여전히 빚을 걱정하는 상황은 전혀 나아지지 않았다. 오히려 악화됐다고 해도 과언이 아니다.

상황의 이면을 들여다보면 문제는 훨씬 심각하다. 가계부채는 소득에 비해서 빠르게 증가하고 있다. 거의 3배라고 한다. 부끄러운 통계들이 연타를 날리고 있다. 이미 1천 500조를 넘어선 가계부채의 문제, GDP 대비 가계부채 1위는 더 이상 남의 일이 아니다. 미래소득을 가불해 쓰는 불안한 상황이다. '빚투'는 연예인들만의 문제가 아니다. 우리 모두의 문제이며 걱정이다. 특히 빚을 진 사람들은 당장 생계가 어려운 서민계층이 많다.

빚을 갚을 능력이 부족한 취약차주의 부채가 계속 늘고 있다. 일반적으로 취약차주는 3개 이상의 금융기관에서 대출을 받은 다중채무자로 저소득층(하위 30%)이거나 저신용(7~10등급)인 차주를 지칭한다. 전 세계 시장금리가 한 번 오를 때마다 우리나라의 취약차주들은 몸살이 아니라 큰 병에 걸린 사람들처럼 고통스러워한다. 빠르게 늘고 있는 가계부채가 부메랑이 되어 한국 경제를 무너뜨리는 시한폭탄이 될 수 있다. 원리금(원금·이자) 상환 부담을 이기지 못한 취약차주들의 슬픈 선택들도 많아지고, 그로 인한 사회적 비용역시 계속 늘어날 것으로 보인다.

총부채원리금상환비율DSR을 포함한 정부의 대출규제가 일으킨 풍선효과는 강력하다. 빚을 져서라도 생계를 유지해야만 하는 서민들의 경우 대부분 재무 상환율이 낮다 보니 은행 등 제도권 금융기관에서는 돈을 빌리기가 어렵다. 1금융권에서 돈을 빌리지 못해 2금융권, 대부업체, 불법 사채로 빠지는 악의 고리는 더 질기게 서민들의 삶을 옥죄고 있다.

반대로 부동산을 담보로 한 대출시장은 저금리 추세가 장기화되면서 대출 총량도 계속 늘고 있다. 필자도 이런 극단적 상황을 가정하고 싶지 않지만 일각에서 제기하고 있는 금융위기 등으로 인해 이자율이 상승하고, 일본처럼 버블이 꺼져 부동산시장이 장기침체에 빠진다면 어떻게 될 것인가. 채무자들은 원리금 상환부담 가중에 담보물 가치하락까지 겹친 이중고를 겪을 수 있다. 그런 일이 없길 바라는 마음은 간절하지만 앞으로 닥칠 최악의 시나리오에 잘 대응하는 자만이 오래 살아남을 수 있다는 것이 필자의 생각이다.

💲 빌린 돈 갚기 위해 빌리고, 또 빌리고

저소득·저신용 다중채무자의 이중고는 점점 심해지고 있다. 서민금융연구원이 실시한 '대부업-사금융 이용자 설문조사' 결과를 보더라도 채무 돌려막기를 위한 차입규모가 엄청나다. 채무 돌려막기가 어려워지면서 신용카드나 저축은행 신용대출 연체율이 상승하고 있는 상황이다. 거시적으로 보면 금융시스템 리스크가 커질 수 있고, 개인은 파산으로 치달을 가능성이 높아진다. 카드, 저축은행, 캐피탈 등 여러 군데에서 빌린 사람들, 소위 다중채무자가 진 빚은 우리 사회에 그늘로 돌아올 것이다. 빚을 갚기 위해 더 비싼 빚을 내서 갚으려 든다. 청년이나 노년층의 경우는 소득확보가 불안정한 상황이어서 더 심각하다. 이런 현상을 두고 사람들은 '돈이 없으면 덜 쓰면 되지!'라고 말한다. 이런 말은 이분들에게는 참으로 치욕스러운 말이다. 이런 식으로 개인의 도덕적 해이를 질타하는 것에서 그친다면 어떤 해결방안도 얻을 수 없다. 돈을 빌리는 분들 중 상당수는 내일보다는 오늘을 어떻게 살아남느냐가 중요한 상황에 놓여있기 때문이다. 이자율을 따지는 것조차도 사치스런 일일 수 있는 것이다. 그저 겉으로 드러나는 현상만 보고 진단을 해서는 안 된다. 그 이면을 들여다보는 노력을 해야 한다. 그들의 절박한 생존상황을 이해해야 한다. 돈이 없으면 생존이 어려운 신용 극빈층이 많다.

지금 정부의 대책을 보면 이런 분들을 어떻게 지원해야 할지에 초점이 맞추어져 있다. 홍수로 인해 산이 무너져서 토사가 도로를 덮으면 흘러내린 흙만 치우는 꼴이다. 하지만 토사가 흘러내리지 않도록 나무도 심고 축대도 쌓아야 하는 것이다.

다시 말하면 중간 계층이 저신용 계층으로 하락하지 않도록 당국이나 금융권 모두 예방기능을 강화해야 한다. 저신용자들 역시 채무 돌려막기로 응급처치를 하기보다는 워크아웃이나 개인회생 등 적극적인 채무조정을 통해서 기존의 빚을 정리해야 행복한 미래를 설계할 수 있다.

가난의 대물림,
빚의 사슬

방 씨는 3년 전에 전남편과 경제적인 이유로 이혼을 했다. 사업을 대책 없이 벌이고 집에 돈 한 푼 가져오지 않던 남편과 이혼하면서 아이의 친권과 양육권을 모두 가져왔다. 방 씨는 아이들을 잘 키우며 그럭저럭 지내고 있었다. 그런데 6개월 전, 전남편이 갑자기 사망했다. 방 씨는 전남편이 자신의 명의로 된 집 한 채는 남겨둔 채 떠났을 것이라고 생각했다. 별생각 없이 방 씨는 그 집을 상속받게 되었다. 그런데 전 남편의 사망 후 5개월이 지난 최근, 전 남편의 채권자로부터 승계집행문을 받아 아이가 상속받을 빚이 재산보다 많다는 사실을 알게 되었다. 상속이 개시된 시점 후 3개월간 아무런 조치를 하지 않으면 재산은 물론 그 빚이 고스란히 상속된다는 이야기를 들었다. 청천벽력 같은 소리에 방 씨는 자신의 무지로 아이에게 큰 빚을 지게 한 자신을 자책하며 하루하루를 버티고 있다.

$ 가난의 대물림, 빚의 사슬

교육 빈부 격차 확대, 저임금, 갑을관계, 가정폭력, 왕따, 도박, 묻지 마 투자, 에듀푸어, 웨딩푸어, 도시빈민 등 온갖 사회문제가 대부분 '부채문제'에서 비롯되고 '부채문제'로 귀결된다. 오래된 부채들은 카드대란(가계부채의 시발점) 때 발생한 카드빚부터 시작된다. 정부의 잘못된 경기부양책이 서민경제파탄으로 어떻게 이어졌는지 똑똑히 보여주는 살아있는 교과서들이다. 그 당시 카드 사태는 실물 경제학을 제대로 배웠지만 아주 비싼 수업료를 지불한 강의 시간이었다.

경제가 빈곤해지면 고통받는 것은 어린이, 여성, 노인 등 사회적 약자들이다. 남편이 부인 명의로 빚을 진다. 그리고 이후에 회생, 파산 신청하는 경우가 종종 있다. 남녀를 불문하고 배우자를 잘 만날 필요가 있지만 특히 여성들은 더 신중하게 결혼할 필요가 있다. 부인 앞으로 빚진 사람들은 자식이 성인이 되면 자식 앞으로도 빚을 떠넘긴다.

빚을 대물림하지 않기 위해 어린 자녀와 함께 극단적인 선택을 하는 경우도 있다. 그런 사연을 들을 때마다 마음이 편치 않다. 하지만 그것은 어떤 의미에서 보자면 명백한 타살이다. 아이들은 자신들이 생명을 가진 독립적 주체라는 걸 인지하지 못한 채 그저 부모의 손에 이끌려 얼떨결에 피어보지도 못하고 지게 되는 것이다. 이것은 엄밀히 말하면 '동반자살'이 아니라 '가족살해'의 한 형태라 구분되어져야 마땅하다.

💲 물려받을 게 빚뿐이라면?

상속이 시작되면 부모(피상속인)의 재산상 모든 권리와 의무는 법률상 자녀(상속인)가 물려받게 된다. 자녀의 의사와는 상관이 없다. 하지만 우리 법률은 재산뿐만 아니라 부채도 상속 대상으로 보고 있다. 즉 부모가 남긴 빚도 자녀에게 대물림된다는 얘기다. 재산이 부채보다 많으면 사실상 크게 상관이 없다. 반면 부채가 상속 재산보다 많은 경우에도 자녀의 의사와 상관없이 승계시킨다면 이는 매우 가혹한 일이 된다. 자녀가 자신의 재산을 동원해 부모가 남긴 빚을 청산해야 하기 때문이다. 그래서 우리 민법은 이럴 때 상속을 포기할 수 있는 조항을 두고 있다.

💲 상속포기와 한정승인

상속을 포기하면 자연스럽게 부모의 빚을 갚지 않아도 된다. 만약 상속을 포기한다면 상속개시가 있다는 것을 알게 된 날부터 3개월 내에 가정법원에 상속포기를 신고해야 한다. 상속을 받을 때 적극재산(재산·채권 등)뿐 아니라 소극재산(채무·유증 등)도 물려받게 되는데, 소극재산이 적극재산보다 많을 경우 상속자가 상속권을 포기하는 게 상속포기다.

한정승인은 상속받는 재산 한도 내에서만 피상속인의 빚을 변제하는 조건으로 상속을 받는 것이다. 가령 부모가 재산 1억 원과 빚 3억 원을 남기고 사망했을 때 자녀가 한정승인을 받으면 3억 원의 채무 중 물려받은 재산 금액에 해당하는 1억 원만 상환하면 된다. 피상속인이 남긴 재산과 채무가 불분명한 경우 주로 신청한다. 최근 가족 간 소통이 단절되면서 상속포기와 한정승인을 신청하는 데 어려움을 겪는 시민도 늘어나고 있다.

예를 들어보자. 어느 60대 남성이 있다. 그는 오랜 기간 연락 없이 지내던 여동생이 두 달 전 사망했다는 소식을 최근 전해 들었다. 애도의 기간은 짧았다. 당장 현실적인 고민이 들이닥쳤다. 여동생이 배우자와 자녀가 없고 부모님도 이미 돌아가신 상황이라 그와 나머지 형제들이 상속인이 됐다는 것을 알게 되었다. 그는 장기간 왕래가 없던 여동생의 정확한 재산 내역을 알지 못해 상속포기를 해야 할지 말지 난감해했다. 상속인이 상속포기를 하는 순간 피상속인의 빚이 소멸하는 것이 아니라 후순위 상속인에게 자동으로 전달된다. 자녀가 상속을 포기하면 손자 손녀에게 빚이 상속돼 마지막 상속인인 4촌 이내 방계혈족까지 모두 상속포기를 해야 '빚의 대물림'이 해소된다.

그런데 일반인들이 이런 사실을 아는 경우가 많지 않다. 선순위 상속인의 상속포기 사실을 후순위 친척들에게 알리지 않아 그들이 빚을 덤터기 쓰는 상황도 종종 빚어진다. 채무가 얼마인지 불명확할 경우 상속포기를 하되 1명은 한정승인을 하는 것이 좋다. 그래야 후순위 상속인에게 피해가 전가되지 않는다.

💲 그럼 돌아가신 아버지(피상속인)의 재산이 얼마나 되나요?

피상속인(사망자, 실종자, 금치산자 또는 피성년후견인, 피한정후견인)의 금융재산 및 채무를 확인하기 위하여 여러 금융회사를 일일이 방문해야 하는 등 시간적·경제적 어려움이 많다. 이런 어려움을 덜려면 금융감독원 조회신청을 하여 각 금융회사로부터 피상속인의 금융거래 여부를 확인할 수 있는 상속인금융거래조회서비스를 활용하면 된다.

조회신청일 기준으로 금융회사에 남아있는 피상속인 명의의 모든 금융채권, 금융채무, 보관금품의 존재유무 및 공공정보를 알 수 있다. 금융감독원이나 전 은행(수출입은행, 외은지점 제외), 농수협단위조합, 우체국, 삼성생명 고객프라자, 한화생명 고객센터, KB생명 고객프라자, 교보생명 고객프라자, 삼성화재 고객프라자, 유안타증권에 신청하면 된다.

금융감독원이 접수대행기관에서 접수된 조회신청서를 취합하여 각 금융협회에 조회 요청하면, 각 금융협회에서 소속 금융회사별 피상속인 등의 금융거래 여부 및 내역을 취합하여 신청인에게 조회 완료 사실을 알려주게 되고 신청인은 각 금융협회별 홈페이지를 통해서 결과를 조회하거나, 접수일로부터 3개월 이내 금융감독원 홈페이지에서 일괄 확인도 가능하다. 조회결과를 확인하면 예금 등 금융자산 인출 문의는 해당 금융회사로 해야 한다.

처리기간은 신청일로부터 대략 20일 정도 소요되며, 신청서류는 2007년 12월 31일 이전 사망자는 제적등본과 상속인의 신분증, 2008년 1월 1일 이후 사망자는 사망일 및 주민등록번호가 기재된 기본증명서, 사망진단서 등 사망자 기준 가족관계증명서^(최근 3개월 내 발급, 주민등록번호 기재) 또는 가족관계증명서 열람^(지자체에서 접수하는 경우), 상속인 신분증이다.

실종자, 피성년후견인, 피한정후견인, 상속재산 관리인은 상속인 직접 신청 시 필요서류와 등기사항증명서^{(법원판결문(원본)과 확정증명서도 가능)}가 필요하다. 대리인이 신청할 경우 상속인 등이 직접 신청할 때 필요한 서류와 더불어 상속인의 위임장^(인감증명서 첨부 ⇒ 인감도장 날인, 본인서명사실확인서 첨부 ⇒ 서명)이 필요하다. 사망자가 외국인인 경우 사망사실·상속관계 등을 확인할 수 있는 외국기관 발행 문서를 문서인증 및 번역인증을 받아 제출하면 된다.

더욱 편리한 방법은 안심상속원스톱서비스^(사망일이 속한 달의 말일로부터 6개월 이내에 이용가능)를 이용하는 방법이다. 상속인이 자치단체를 방문하여 사망신고와 동시에 한 장의 상속재산 조회 신청서를 작성^(민원 공무원이 사망신고를 하는 상속인에게 상속재산 조회신청을 선제적으로 안내)하면 되는데, 국세·국민연금 가입여부 등까지도 확인 가능하며 상속재산 확인을 위해 상속인이 소관기관을 방문할 필요가 없어 편리하다.

💲 본인 사망 시 대출금을 대신 갚아주는 제도 확대 필요

목돈이 필요하거나 급하게 자금이 필요할 경우 은행 대출을 제일 먼저 떠올리게 된다. 대출을 받아 잘 갚아나가면 문제가 없겠지만 상환 도중 예기치 못한 사고로 사망하게 될 경우 그 빚은 고스란히 남은 가족에게 떠넘겨진다. 가장이 사망하면 부채 상환 압박은 더욱 커질 수밖에 없다. 이런 경우 빚을 대신 갚아주는 상품이 있다면 경제적 부담이 크게 줄어들 것이다. 신용생명보험이 그것이다.

신용생명보험은 대출고객이 사고로 사망하거나 장애를 입게 되면 보험사가 대신 대출을 갚아주는 상품이다. 해외의 경우 유럽을 중심으로 일본, 대만 등에서 보편화된 상황이지만 우리나라는 2010년을 전후로 극히 일부 보험사에서 판매하고 있는 실정이다. 2019년 4월 박선숙, 유의동 의원은 '대출 등을 받은 자가 사망하였을 때 미상환액을 보상하는 보험계약'을 활성화하는 「보험업법 일부개정 법률안」을 발의한 바 있는데 빚의 대물림을 막아준다는 데 큰 의미가 있다. 외국사례를 잘 벤치마킹하여 좋은 제도로 자리매김하도록 해나갈 필요가 있다.

힘든 삶을
파고드는 사채

빚 때문에 극단적 선택까지 생각했다는 35세의 여성 조 씨. 남편이 죽은 뒤 장사를 시작하려고 불법 사금융업체에 빌린 1,500만 원이 문제였다. 나름 열심히 갚았지만 이자율이 연 140%나 되다 보니 2년이 지나자 이자에 이자가 붙어 갚아야 할 돈은 4,000만 원이나 되어 있었다. 사채업자의 독촉은 너무도 매서웠다. 그녀는 조금이라도 갚기 위해 패물은 이미 팔아치운 지 오래다. 쌀하고 김치가 없어서 보다 못한 지인들이 그녀를 도와주곤 했다. 그나마 아는 이의 도움을 받아 결국 파산 절차를 밟은 조 씨. 이후 임대 주택 등을 지원받고, 지금은 새로운 시작을 준비하고 있지만 당시 그녀의 삶을 나락으로 빠뜨린 사채업자는 제대로 된 처벌조차 받지 않았다.

$ 힘든 삶을 파고드는 사채

한때 우리나라에 광풍처럼 불어 닥친 것이 바로 '빚투'였다. 과거의 빚을 갚지 않은 연예인들이나 그들의 가족을 향한 억울함을 한풀이하듯 언론에 폭로했던 것이다. 빚투의 부작용은 만만치 않았다. 인기리에 잘나가던 연예인들의 이미지가 하락하기도 하고, 그들이 출연하던 프로그램에서 하차당하거나 광고에서 퇴출되기도 했다. 실제로 빚투의 당사자였던 연예인 가족들 중 일부는 법적 처벌을 받는 경우도 있었다. 연예인들도 지는 빚이니 일반 서민들은 오죽할까. 사채를 쓴 사람들을 주변에서도 볼 수 있다. 삶이 힘겨

울수록 사채의 진입장벽은 낮아지는 경향이 있다.

💲 거리와 온라인상에 쏟아지는 빚 권하는 사채 광고들

불법 사채 광고 명함이 거리에 우후죽순 쏟아지고 있다. 시내와 유흥가 등은 물론이고 사실상 도시 전체에 무차별적으로 불법 살포가 이루어진다. 오토바이를 탄 남성이 '일수·달돈·급전' 문구가 적힌 사채 광고 전단 명함을 연신 뿌려대는 모습을 많이 목격할 수 있다. 불법 전단 살포는 밤낮을 가리지 않는다. 대포폰을 사용하고 번호판도 없는 대포(미등록) 오토바이를 타고 다녀서 단속도 쉽지 않은 실정이다. 게다가 불법 전단을 뿌린 사람과 업주가 적발되더라도 통상 과태료나 범칙금 처분에 그치는 솜방망이 처벌이라 상황은 반복될 뿐이다.

인터넷 카페, 블로그에 종종 불법 대출광고들이 올라온다. 회사명, 대부업 등록번호, 이자율 등 필수사항을 기재하지 않고 '누구나 대출 가능', '급전대출·당일대출'이라는 문구만 덩그러니 적혀 있을 뿐이다. 이런 문구들로 사람들을 현혹하려는 속셈일 게다. 그럴듯한 스토리로 엮어진, 자격이 없는 사람의 대출 성공기도 버젓이 돌아다닌다. 이런 근거 없는 성공담들은 금융지식이 부족한 젊은이들을 유혹한다.

사채업자들에 대한 단속도 쉽지 않다. 회원 가입형 카페 등 폐쇄형 사이버 공간이니만큼 일일이 가입해 게시글을 확인하지 않는

한 불법 정보를 수집하는 데 한계가 있고, 설령 수집을 하더라도 개인정보를 도용한지라 꼬리 자르기도 그만큼 쉽기 때문이다. 서민들은 불법 업체인 줄 잘 모르고 접근하는 경우도 많다. 서민들이 스스로 구별할 수 있도록 대부업체 명칭을 명확히 할 필요가 있다.

지금 현재는 금융감독당국이나 지방자치단체 등록 대부업체는 공히 '대부'라는 명칭을 사용하도록 되어있지만, 금융소비자 선택의 편리성과 보호 강화를 위해서는 명칭 차별화가 필요하다. 금융감독당국에 등록한 대부업체(자산규모 100억 원 이상 등)는 사실상 캐피탈 등 여신전문금융업체와 비슷한 수준의 관리감독을 받기 때문에 굳이 '대부'라는 용어를 고집할 필요가 없으며 'Easy금융' 등과 같은 명칭으로 차별화하는 것도 좋을 것이다.

그럼 현 상황에서 무차별적으로 쏟아지는 불법 사채광고에 현혹되지 않을 수 있는 방법은 없을까? 금융이용자 입장에서 정부의 관리감독을 받는 대부업체인지 아닌지를 쉽게 확인할 수 있는 방법이 있다. 금융감독원 홈페이지 '파인'(I am Fine thank you에서 유래) → '금융회사'코너에서 알고 싶은 회사가 제도권금융회사인지 여부를 조회할 수 있을 뿐만 아니라 '등록대부업체통합조회'가 가능하다. 등록대부업체인지 여부(등록기관이 금감원인지, 또는 지방자치단체인지 여부 포함)뿐만 아니라 업체 대표자, 연락처(광고전화번호도 명시) 등 세부내용 조회가 가능하다. 꼼꼼하고 세심하게 살펴서 불법 사채로 인한 피해를 당하지 않도록 주의할 필요가 있다.

💲불법광고를 근절하려면

오프라인상에서 유포되는 불법 전단은 그것을 인쇄하는 업자들도 함께 처벌해야 한다. 성매매 전단은 청소년보호법에 따라 인쇄업자를 공범으로 형사처벌 할 수 있다. 하지만 현재 대부업 전단은 인쇄업자까지 처벌할 법적 근거가 마련되어 있지 않다. 전단 수량, 크기, 내용 등에 따라 최고 과태료 등을 부과할 수 있다면 애초에 싹을 잘라낼 수 있을 것이다.

문제는 또 있다. 단속을 하는 행정공무원에게는 수사권이 없다. 불법 전단 업자의 숨바꼭질 살포 행위에 처벌까지 가기 위해서는 공무원에게 어느 정도의 권한을 줄 필요가 있다고 생각한다.

온라인상 불법 광고의 위법성을 판단하기 어렵다면 메신저 대화 내용을 확보할 필요가 있는데 이를 전담할 전문인력과 예산이 뒷받침되어야 한다. 또한 불법광고와 관련해 광고유형과 피해사례 등을 자세히 설명하는 홍보를 온라인상에 맞불처럼 지피는 것도 유효한 방법일 것이다.

💲돈 장사가 주로 행하는 주요 불법·부당행위 유형

미등록 대부업자 등의 불법 고금리 일수·꺾기대출 등 불법행위에는 다음과 같은 유형들이 있다. (자료출처: 금융감독원 홈페이지)

△ 미등록대부업자 등의 불법 고금리 일수 · 꺾기대출

△ 돈을 빌리는 고객으로부터 중개수수료 수취

△ 명함형 대부광고 전단지를 통한 불법대부광고

△ 과다한 채권추심 행위

△ 연대보증인에 대한 설명 누락 또는 기망

△ 저금리 대환대출 약속 후 미이행

△ 불법 전화번호 생성 등을 통한 허위 과장 광고

△ 대출중개업체 직원의 고객대출금 횡령 등 사기

△ 신용등급 상향조정 명목으로 관련 비용 요구

△ 대출실행을 위한 공증료 등 대출 관련 법률비용 요구

△ 대출알선을 미끼로 체크카드, 통장사본 등을 요구

💲 폐업하는 것이 더 힘들다

'장사를 하는 것보다 장사를 접는 일이 더 힘들다.' 자영업자들의 한결같은 말이다. 창업공화국이라고 불리는 우리나라는 2016년 기준 창업 이후 5년 생존율 28.5%에 불과한 실정이다. 생존하고 있는 사람들도 대부분 어쩔 수 없이 가게를 꾸려가고 있는 형편이다. 그들이 폐업을 안 하는 이유는 가게가 빠지지 않기 때문이다. 권리금을 조금이라도 더 받기 위해 폐업을 못 하는 경우라고 할 수 있다.

자영업을 하면서 신용불량자가 되는 사례도 부지기수다. 경기 성장의 둔화로 학자금 대출을 갚지 못해 신용불량자가 되는 청년들이 창업 전선에 뛰어들어 더 큰 신용불량자가 되고 있다. 수십 년을 일해오면서 모아온 퇴직금을 창업 실패로 날려버려 더 큰 신용불량자가 된 장년층도 늘고 있다. 문제는 이렇게 감당할 수 없는 빚으로 신용불량자가 되면 취업은 물론 경제적 제약까지 있어 빚의 늪 속에서 헤어 나오질 못한다는 점이다. 무엇보다 답답한 것은 압류로 인해 통장거래를 할 수 없다는 사실이다. 이는 정상적인 소득활동을 가질 수 없다는 것을 뜻한다. 빚을 다 갚을 때까지 주로 시간제 아르바이트 등의 일을 할 수밖에 없다. 이는 다시 적은 소득으로 이어지고, 결국은 경제적 자립을 할 수 없게 만든다. 결국 빚 독촉은 날이 갈수록 심해지고 절망에 빠진 사람들의 선택지는 좁아질 수밖에 없다. 마치 올무에 숨통이 죄어드는 짐승처럼 말이다.

개인회생자격은 무담보 5억 원 이하 담보 10억 원 이하의 채무에게 주어진다. 채무자의 재산보다 채무가 많은 사람 중 일정한 소득이 있는 직장인, 사업자, 아르바이트, 군인, 공무원, 자영업자, 일용직, 계약직이라면 누구나 신청이 가능하다. 또한 이미 신용회복위원회의 지원제도나 배드뱅크에 의한 지원 절차를 이용하고 있는 채무자, 파산절차나 화의절차가 진행 중인 채무자도 신청이 가능하다.

개인회생은 보통 접수일로부터 일주일 이내에 법원의 금지명령이 나온다. 이를 통해 본인 명의의 통장을 새로 만들어서 통장거래도 할 수 있고 금융기관, 사금융 사채 등으로부터 빚 독촉을 더 이상 받지 않게 된다. 개인회생 개시 결정은 신청일로부터 4~6개월에서 보정명령을 거치게 되면 최대 8~10개월 이상까지 걸린다. 이와 달리 개인파산 및 면책은 무직자나 최저생계비 미만 소득자로 채무가 재산보다 많고 나이가 많거나 질병 등으로 정상적인 소득활동이 불가능한 경우에 신청할 수 있다. 법원의 면책허가 결정 시엔 파산절차에 의한 배당을 제외하고는 채무의 전부에 관하여 그 책임이 면제된다. 또한 금융거래를 비롯한 모든 경제활동을 할 수 있기 때문에 자유로운 재산관리와 증식도 가능해진다.

이처럼 개인회생과 파산면책은 통장을 만들게 해주고 빚 독촉의 강도를 줄일 수 있는 대안으로 평가받고 있다. 또한 재창업을 할 수 있도록 도움을 주는 제도이므로 어떤 식으로 운용되고 있는지 면밀히 파악하는 것이 성공적인 창업에도 유리할 수 있다.

숨겨진 재산과
빚을 찾아서

이 씨는 30대의 워킹맘이다. 뉴스를 보던 그녀는 어느 날 휴면계좌의 존재를 알게 되었다. 휴면계좌라는 소리에 귀가 뜨인 이 씨는 계좌통합관리 서비스에 관심을 가졌다. 이 씨는 계좌조회를 통해 스쿨뱅킹 계좌에 잔액이 있다는 것을 발견했다. 자녀의 졸업 후 깜빡 잊고 있었던 것이다. 기존 대출도 많고 등급이 낮아서 대부업체 소액대출도 힘든 상황이고 연체위기도 겹쳐서 고민하던 차였다. 연체를 막을 수 있었던 이 씨는 기뻤다. 비록 내 돈이지만 존재 여부를 몰랐던 돈을 찾아 쓰니 마치 공돈이 생긴 것처럼 기분이 좋았다. 휴면계좌를 기회로 삼아 그동안 사용하지 않았던 계좌도 정리하고 소액 대출도 갚았다. 덕분에 이 씨는 일석삼조의 기쁨을 얻었다.

💲 완성작(完成作)이 된 계좌정보통합관리서비스

내가 가지고 있는 계좌를 한눈에 알 수 있는 곳이 있다. 바로 '계좌정보통합관리서비스(www.payinfo.or.kr/)'다. 금융결제원이 운영하고 있는 이 누리집에서는 내가 가지고 있는 계좌와 전체 카드의 현황, 총 이용한도, 결제예정금액, 최근 이용대금, 보유하고 있는 포인트까지도 한눈에 살펴볼 수 있다. 또한, 내 명의의 은행별 계좌와 잔고 합계, 어떤 상품에 가입하고 있는지도 파악이 가능하다.

자동이체 계좌의 조회, 해지와 더불어 계좌이동도 이 누리집에서 할 수 있다. 내 금융정보가 총망라돼 있는 알짜배기 공간인 셈이다. 물론, 모바일(스마트폰)에서도 별도의 앱을 깔아 위에 나열된 작업을 수행할 수 있다.

그간 정부는 국민들이 한 공간에서 손쉽게 금융정보를 인지할 수 있도록 지속적인 노력을 해왔다. 계좌정보통합관리서비스 시행 초기에는 지금처럼 모든 금융사의 다양한 정보를 확인할 수 없었다. 이에 제1금융권 못지않게 서민들이 많이 이용하는 제2금융권 서비스 확대에도 공을 들였다. 요즘은 모바일 이용 패턴을 고려하여 모바일 앱 기능을 확대하고 계좌 해지와 자동이체 계좌 이동까지 편의성을 확대해 왔다.

2019년 8월에는 저축은행, 상호금융, 우체국 등 제2금융권도 PC와 스마트폰을 이용한 계좌이동 및 계좌정보통합관리서비스가 시행됐고, 제2금융권 계좌로 자동이체 계좌를 옮길 수 있게 됐다. 또한, 소액과 비활동성 계좌 정리를 통해 숨은 금융자산 찾기가 가능해졌다. 잔액이 50만 원 이하이고, 1년 이상 거래가 없는 소액, 비활동성 계좌의 경우 해지 또는 잔고 이전이 가능하게 된 것이다. 이 계좌에 있는 돈은 본인 명의의 다른 계좌로 이전하거나 서민금융진흥원에 기부할 수 있다. 아울러 광주은행, 전북은행, 제주은행, 수협은행, 카카오뱅크의 신용카드를 '내 카드 한눈에' 항목에서 조회할 수 있게 되었다. 이로써 시중의 모든 신용(체크)카드 조회가 한곳에서 가능해졌다. 계좌정보통합관리서비스가 비로소 완성작이 된 것이다.

카드 조회도 매우 유용한 기능이었다. 내 카드의 최근이용대금과 결제예정금액, 잔여 포인트와 소멸 예정 포인트를 손쉽게 조회하여 내 자산 흐름을 체크할 수 있고, 금액과 결제일도 알 수 있다. 연체 등으로 인한 신용등급점수 하락 등 불이익을 미연에 방지할 수 있을 것으로 보인다. 모바일 앱은 앱스토어에서 '어카운트인포'라고 검색하면 바로 다운받을 수 있다. 아무쪼록 '계좌정보통합관리서비스'로 보다 현명한 금융생활 습관이 몸에 배었으면 하는 바람이다.

최근에는 '토스'와 같이 민간서비스도 나왔는데, 계좌 통합관리는 물론 계좌 간 이체도 가능하다.

💲 휴면예금, 서민금융진흥원 홈페이지에서 이렇게 찾아보자

휴면예금이란 은행이나 보험에 맡긴 뒤 찾아가지 않고 남아있는 돈을 뜻한다. 일반적으로 예금은 5년, 보험은 3년 이상 거래가 없을 경유 휴면금으로 분류되어 서민금융진흥원에 출연된다. 서민금융진흥원은 휴면예금 이자 수익을 재원으로 전통시장이나 영세상인, 저소득 아동, 사회적 기업 등 금융 사각지대 서민 취약계층을 지원하고 있다.

그렇다면 나의 휴면예금 확인은 어떻게 조회할 수 있을까. 확인 방법은 간단하다. 먼저 '서민금융진흥원 휴면예금 찾아줌' 홈페이지에 접속한다. 이후에 휴면예금통합조회 메뉴에서 간단하게 조회할 수 있다. 홈페이지에 접속하면 회원가입 없이 24시간 휴면예금을 조회할 수 있고 지급신청을 하면 최대 50만 원까지 지급받을 수 있다. 인터넷 이용이 어려울 경우, 혹은 휴면예금이 50만 원을 초과하는 경우에는 신분증을 지참해 가까운 서민금융통합지원센터나 출연 금융회사의 영업점을 방문, 서민금융콜센터 등을 통해 안내받으면 된다.

서민들이 소중한 재산을 보다 쉽게 찾을 수 있도록 모바일 휴면예금 찾아줌 서비스도 출시하고, 주민센터를 통해 고령층과 장애인을 위한 휴면예금 조회·지급 서비스도 제공할 예정이다. 휴면예금 출연 협약도 상호금융업권까지 확대해 나갈 계획이다.

틈새를 찾아라

필자는 1979년 한국은행에 입사하여 은행감독원 은행검사역으로 근무하다가 1997년 5월 (구)신용관리기금으로 이직했다. 그러다가 1999년 1월 은행감독원, 증권감독원, 보험감독원 등 4개 기관이 금융감독원으로 통합되면서 통합감독기관의 일원이 되었다. 종합금융사, (구)신용금고 등 제2금융권 구조조정을 맡았으나 구조조정업무는 계속될 수 없는 한시적인 업무인지라 당장 어렵게 얻은 팀장 보직마저 잃을 위기에 처했다.

나는 과연 무슨 일을 할 것인가? 보직도 잃지 않고 보람도 찾을 수 있는 그런 일은 무엇일까 고민스러웠다. 그때 떠올린 생각이 바로 남들이 기피하는 틈새금융 영역을 찾아내 필자가 가진 경험과 능력을 발휘해야겠다는 거였다. 그래서 고수익보장을 미끼로 자금모집을 하는 유사수신행위로 인한 피해를 예방하는 팀을 총괄하게 되었다.

사실 유사수신행위와 관련한 업무는 엄밀히 말하면 당시 필자가 근무하던 금융감독원의 고유 업무는 아니었다. 그러나 1998년 부산, 경남 지역을 중심으로 한 파이낸스 사태가 수십만 명의 피해자를 양산하면서 국회의 요청으로 전담팀이 설치되었다. 고수익보장

자금모집행위는 금융사기 우려가 크기 때문에 피해를 사전에 예방할 필요가 있었기 때문이다. 팀을 맡고 나서 바로 유사수신과 관련해 신고포상제를 도입했다. 엄청난 제보가 쏟아졌고, 우리 팀은 정신없이 수사를 의뢰했다. 동시에 홍보를 통해 예방업무를 강화해 나가면서 진정시켰다.

 필자는 여기서 한 발자국 더 나아갔다. '과연 저 유사수신업자들이 불법으로 자금을 끌어들여 무엇을 할까?' 하는 의문이 들었다. 조사는 멈추지 않았고, 필자는 한 가지 사실을 알아냈다. 그들은 자신들이 모은 돈으로 고리사채 놀이를 하고 있다는 사실이었다. 현장을 수없이 돌며 고리사채의 실태에 대해 파악하면서 전율을 느낄 수밖에 없었다. 사채피해는 상상할 수 없을 정도로 서민들의 삶에 침투해 있었다. 빠르게 자라나는 독버섯처럼 말이다. 그리고 그들의 심신을 피폐하게 만들고 있다는 것을 알게 됐다. 즉각 필자는 대안 마련의 필요성을 제기했다.

 2001년 3월 말, 고故 김대중 대통령이 고리사채로 인한 서민들의 피해예방을 적극적으로 할 것을 지시했고, 그해 4월 2일 금융감독원에 사금융피해상담센터가 설치됐다. 서민들을 괴롭히는 독버섯 금융, '사채'라는 새로운 금융영역을 찾아 필자의 도전이 시작된 것이다.

법적 상한이자율, 인하가 능사일까?

저신용자들의 돈 빌리기가 점점 어려워지는 가운데 법적 상한이자율을 더 내릴까에 대한 논란도 거세다. 지금 연 24%의 최고금리로도 장사를 못 한다고 우는소리를 하는 대부업계의 저항을 어떻게 해결해야 할까?

사실 금리 인하에 대해서는 두 가지를 생각해 볼 수 있다. 저신용자들이 차입을 포기하고 개인워크아웃이나 개인회생을 통해서 재기의 길을 걷는다면 금리를 더 내리는 편이 장기적으로 채무자를 돕는 길일 수도 있다. 그러나 만약 저신용자들이 암시장처럼 형성된 사금융을 계속 많이 찾는 것으로 나타난다면 이자율 상한선을 낮추는 것은 신중을 기해야 할 사항이다. 서민금융연구원에서 대부업을 이용 중이거나 대부업을 이용하려다가 거절당한 사람들을 대상으로 한 설문조사 결과를 보면 대부업에서 탈락한 사람 중 약 15%가 사채시장으로 갔다는 통계에 주목할 필요가 있다.

또한, 사채를 이용하지 않아도 되는 풍요로운 분들에게 연 24%의 대출이자율이 너무 높은 게 아니냐고 묻는 우愚를 범해선 안 된다. '서울 가본 놈하고 안 가본 놈하고 싸우면 서울 안 가본 놈이 이긴다'는 속담이 생각난다. 잘 모르면 기본에 충실하면 된다. 경제학 이론에 따르면 수요와 공급에 의해서 가격이 결정된다. 다만, 정부는 실패한 시장에 최소한의 개입만 있을 뿐이다.

입법을 하려면 여론을 움직여라

법의 최상위 단계는 바로 '헌법'이다. 하지만 필자는 그보다 더 높은 상위법이 있다고 생각한다. 바로 '국민정서법'이다. 국민들의 정서에 반하는 판결이 내려지면 사회적 여론은 분노와 항의로 들끓는다. 최근 벌어지는 광화문, 여의도 시위도 마찬가지리라. 필자는 사채와 관련된 일을 하면서 이렇게 법과 법정서가 괴리된 모습을 많이 목도했었다.

사금융피해상담센터가 설치되면서 대한민국에서 처음으로 고리 사채시장에 대한 진상을 파악하게 되었다. 그러나 1998년 1월 '이자제한법'이 폐지되어 법상 최고금리 제한을 못 하게 돼버렸다. 그래서 많은 피해자들의 절규를 들으면서도 형법상의 폭행, 협박을 제외하고는 아무것도 할 수 없는 무기력한 상황에 수없이 직면했고, 그 무력감에 가슴 아팠던 적도 부지기수였다.

일선에서 만나는 수없이 많은 사채 피해자들의 눈물을 어떻게 하면 닦아줄 수 있을까, 고심하다가 일본에 건너갔다. 일본의 대금업법을 벤치마킹하고 우리의 실정에 맞게 연구했다. 드디어 「대부업의 등록 및 금융이용자 보호에 관한 법률」^{약칭 "대부업법"} 초안을 마련하여 2001년 국회에 제출하였다. 그러나 국회에 제출된 법안은 1년이나 잠을 잤다. 속이 답답했다. 어떻게 할까 고민하다가 정 공법 대신 국민들의 가슴을 공략하는 것으로 우회했다. 국회의원 들의 손에서 잠자는 법안을 깨우기 위해서 지속적인 언론 홍보가 필요하다고 판단했고, 악랄한 사채업자들의 행태를 하루도 쉬지 않고 언론에 고발하였다.

결국 2002년 H신문 1면이 이들의 악랄한 사례를 전면 보도했 다. 기사를 읽은 많은 국민들은 사채 피해자들의 아픔에 공명^{共鳴} 하고, 악랄한 추심사례에 분노를 터뜨렸다. 드디어 국회 법사위의 문턱을 넘어 2002년 7월에 대부업법이 제정될 수 있었다. 이는 엄 청난 쾌거라 해도 과언이 아니다.

사실 우리나라는 이미 1964년에 비슷한 노력을 했던 적이 있었 다. 하지만 시도만 했을 뿐 결국 실패하고 말았다. 제6대 국회였 던 1964년에 서슬 퍼렇던 군사 정권이 입법으로 발의했지만 논의 조차 못 하고 1967년에 임기만료로 폐기된 것이다. 그만큼 국회를 통과하기가 어려운 법률이었다. 그 이후 오랜 시간이 지나 빛을 보 기 전까지 대부업법은 수많은 피해자들의 한숨과 눈물, 목숨을 먹 고 있었다.

대부업과 사채는 구분되어야 한다

흔히들 대부업을 사채로 인식하는 경향이 있다. 다시 말하면 대부업=사채로 보는 것이다. 그러나 법적 성격이 엄연히 다르다. 대부업은 정부(금융위 내지 지방자치단체)에 등록하고 관리감독을 받는 제도금융이며, 사채는 그야말로 사적인 거래인 셈이다. 친구에게 돈을 빌려주거나 가족들에게 빌려주는 것 등이 사채(사금융)이다. 사채의 문제는 이런 지인 간의 거래가 아니라 불특정다수를 상대로 대출을 하면서도 등록하지 않는 경우에 있다.

사적으로 돈을 빌려주고 이자를 받는 것을 업으로 하면서 정부에 등록하지 않으면 미등록대부업으로 5년 이하의 징역이나 5천만 원 이하의 벌금에 처하도록 규정하고 있다. 즉 음성적인 사채를 양성화하여 정부의 관리감독하에 끌어들인 것이 대부업이라고 인식하면 된다. 그러나 아직도 많은 소형 대부업체들이 지방자치단체의 다소 허술한 감독의 틈을 이용하여 법을 잘 지키지 않는 경우가 많다 보니 도매금으로 적법한 대부업자들마저도 사채업자 취급을 받는 경향이 있으나 반드시 구별되어야 한다.

현재 저축은행도 1973년에 대부업을 양성화하여 신용금고로 명칭이 변경되었고 훗날 저축은행의 이름으로 탈바꿈하였음을 이해할 필요가 있다.

저금리 시대에 대처하는 서민들의 금융지혜

글로벌 경기침체는 투자위축과 소비둔화로 이어져 각국의 중앙은행이 기준금리 인하를 통한 경기회복을 꾀하고 있다. 돈을 푸는 것이다. 최근 미 연준에 이어 한국은행도 기준금리를 인하(2019.10)했다. 앞으로도 인하를 예상하는 전문가들이 우세하다.

문제는 돈을 풀어도 회복되라는 경기는 움직이지 않고 오히려 'R(Recession · 경기침체)의 공포'가 엄습해 온다는 점이다. 그 징후로 장단기 금리역전을 든다. 채권수익률도 예금금리와 같이 장기채인 경우 단기채보다 높게 형성되는 것이 일반적이다. 그러나 최근 일부 채권의 경우 그 반대 현상이 일어나고 있다. 2005년 장단기 금리역전이 일어난 후인 2007년 서브프라임 사태가 온 바 있다.

우리나라도 지난 4월부터 일부 채권금리의 경우 역전현상이 일어나고 있다. 경기침체, 금융위기 논란을 논외로 하더라도 성장률이 둔화되고 저금리 추세가 상당 기간 지속되리라는 전망이 우세한 편이다. 조심스럽지만 혹자는 Zero금리 시대까지 전망하기도 한다.

저성장, 저금리시대를 어떻게 대처하는 것이 현명한 방법일까?

주택담보대출 등 대출금을 가지고 있다면 더 낮은 금리로 갈아타서 금융비용을 절감하는 기회로 삼을 수 있지만 여유자금이 있거나 저축을 하려는 경우 운용이 마뜩치 않다. 발품을 팔아 역세권의 오피스텔이라도 한 채 구입하여 은행이자 이상의 수입을 안정적으로 보장받을 수만 있다면 좋은 방법이겠지만 그렇지 못할 경우 우선 급한 마음에 돈을 빨리 불리려는 마음이 생기게 되고 고수익보장 유사수신업체, 불법다단계 업체들의 유혹에 넘어가기 쉽다. 저금리 추세가 지속되다 보면 항상 불법 금융다단계 방식으로 고수익을 보장하면서 자금을 모집하는 업체들이 우후죽순으로 성행하게 되고, 주변에서 이런 업체에 돈을 맡겨 재미를 봤다는 소문에 잠시 귀가 어두워져서 투자하게 되는데, 제도적으로 원리금을 보장하지 않은 곳에 투자하는 것은 아주 위험하다. 그런 유혹이 있으면, 그리 쉽게 돈을 벌 수 있는 기회를 내게 왜 주겠는지를 곰곰이 생각해 볼 필요가 있다. 또한 한 치 앞의 경기변화를 예측할 수 없는 상황에서 기획부동산 등의 유혹에 넘어가서는 안 된다.

저금리시대엔 대출금리가 낮다보니 빚을 내서까지 이런 업체들의 유혹에 솔깃하기 쉬운데 원금보전은 고사하고 빚더미에 앉을 수 있다. 그리고 파생상품, 고수익·고위험 펀드 등의 상품투자 유혹을 받을 수 있다. 전문가들조차 예측하기 힘든 환율, 이자율 전망 등을 근거로 만든 금융상품에 투자하고 고수익을 기대하는 것은 허망하다. 사실상 허가받은 도박장이라 해도 과언이 아니다.

모르는 곳엔 가급적 가지 말아야 한다. 호기심으로 도박판에 가서 다 잃어도 후회하지 않는 자금이라면 모르지만. 공짜 점심은 없다. 급할수록 돌아가라는 말이 있다. 원금이 축날 수 있는 투자 대신 안정적인 저축을 원한다면 법률로 원리금을 보장하는 상품을 찾아야 한다. 금융회사가 망해도 국가에서 최소한의 원금은 보장해 주는 예금 중 금리가 높은 상품을 찾아보는 것이 좋다.

하나의 팁을 드린다. 금융감독원 홈페이지 '파인'에서 '금융상품 한눈에'를 활용해볼 것을 권한다. 예금, 대출, 연금 등 많은 상품을 한눈에 보고 고를 수가 있다. 원금보장·비보장 여부는 물론 고위험, 중위험, 저위험 등 위험도까지 안내해 준다.

본인이 운용할 수 있는 조건을 넣으면 적합한 상품이 안내된다. 안내받은 상품에 대해 금융사에 전화해서 확인하고 가입하면 된다. 필자가 금리가 높은 것을 직접 찾아보니 저축은행 2~3년 만기 정기예금 금리가 2.8%^(세전), 정기적금 금리가 세전 3.2%인 상품도 있다. 지방에 있더라도 직접 찾아가지 않고 비대면 실명확인으로 가입이 가능하다. 앞으로 이자가 더 내려갈 것이 예상되는 상황이니 장기적금으로 가입해 두자. 혹여 금융회사가 망해도 이자를 포함해서 5,000만 원까지는 정부가 지급을 보장해 준다.

지금은 공격적인 투자보다는 안정적인 수비를 하면서 역전의 기회를 기다려야 할 때가 아닌가 싶다. 때론 쉬는 것도 투자다.

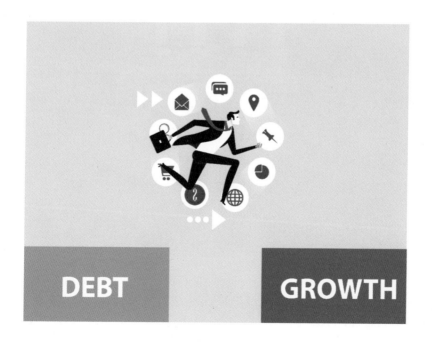

"돈의 가치를 알고 싶다면 돈을 빌려 봐라."
- 벤자민 프랭클린 -

PART 2

금융기관의
허와 실

약탈자 취급받는 금융인
저축은행 높은 보험료는 누가 부담하나?
핀테크 시대 서민을 위한 금융 플랫폼
'대포통장'을 들고 나타난 '그놈 목소리'

조성목의 금융 이야기

· '그놈 목소리'를 홍보하라
· 보이스피싱을 낚기 위해 통신사와 손잡다 – 진입로를 차단하라
· 만두, 햄버거 그리고 서민금융
· 금감원 검사는 만능이 아니다
· 전문가들의 협조를 이끌어내라

약탈자 취급받는 금융인

대전의 한 아파트 화단에서 한 남성이 쓰러져 있는 것을 행인이 발견했다. 남성은 43세의 장 씨였다. 출동한 경찰이 장 씨의 신원을 확인해 집으로 찾아갔다. 집에는 그의 30대 아내와 10살도 안 된 아들·딸이 함께 숨져있었다. 장 씨는 아파트 고층에서 스스로 뛰어내린 것으로 경찰은 추정하고 있다. 아내와 자녀의 정확한 사망 원인은 밝혀지지 않았지만, 경찰 조사 결과 집에 외부 침입 흔적은 없었다. 장 씨의 소지품에서는 '경제적인 문제로 힘들다'는 내용을 담은 유서 형식 메모지가 발견됐다. 수사 결과, 건축업을 하던 장 씨가 사채 변제 독촉을 지독하게 받아온 사실이 드러났다.

💲 약탈적, 기만적, 사기적 대출

2008년 글로벌 금융위기 직후부터 등장한 '약탈적 대출'의 논란이 커지고 있다. '약탈적 대출'이란 용어는 서브프라임 모기지(비우량 주택담보대출) 사태로 집을 잃은 사람들이 월가 점령시위를 벌이면서 생겨난 말이다. 이제 '약탈적 대출'이란 말은 금융사의 과도한 탐욕을 비판하는 일반적 용어로 자리 잡았다.

약탈적 대출에 대한 규제를 정립한 미국의 경우 이러한 대출 형태를 기만적·사기적 대출로 규정하고 있다. 미 재무부는 금융사의 행태를 두고 "공격적 판매 전략을 통해 소비자를 속이거나 계약조건에 무지한 소비자의 상태를 불공정하게 이용하는 기만적이거나 사기적인 대출"로 정의했다.

  우리 금융현실에서는 약탈적 대출Predatory Lending에 대한 명확한 정의는 없지만 통상 돈을 빌려주고 상환하지 못할 경우 집이나 자동차 등 담보물을 가차 없이 압류하거나, 상환능력이 없는 사람에게 돈을 빌려주고 높은 수수료를 물리는 등의 방법으로 채무자에게 손해를 끼치는 대출을 의미한다. 채무자가 갚을 수 없는 줄 뻔히 알면서도 돈을 빌려주는 이유는 최악의 경우 담보로 제공한 자산을 회수하면 된다는 생각에서다. 담보자산 없이 과도하게 주어지는 신용 대출은 대출을 갚지 않으면 혹독하게 채무자를 다루기 때문이다.

  그렇다면 '약탈掠奪'의 사전적 의미는 무엇일까? 폭력을 써서 남의 것을 억지로 빼앗는다는 말로 양탈·창탈·탈략 등과 유사한 말이다. 여기서 폭력이란 남을 거칠고 사납게 제압할 때 쓰는 주먹이나 발 또는 몽둥이 따위의 수단이나 힘을 뜻한다. 넓은 뜻으로는 무기로 상대를 억누르는 힘을 이르기도 한다.

  그럼에도 최근에는 대출이자율이 다소 높다든지, 상환능력이 없는데 돈을 빌려줬다는 이유(사채업자를 제외하고 못 갚을 줄 알고도 돈을 빌려주는 금융사가 얼마나 있을지는 모르지만) 등으로 약탈적 대출의 범주가 점점 커지고 있는 게 현실이다. 약탈적 대출에 대한 명확한 정의도 없이 일부에서는 금융사의 대출 자체를 범죄시하는 경향까지 보이고 있어 안타깝다. 물론 금융에 대해 잘 모르는 금융이용자를 기만하는 사기적 대출, 계약내용을 제대로 알리지 않고 약자에게 피해를 입히는 불공정한 대출(불완전 판매) 등에 대해서는 현행법상 최고 수준의 제재로 엄벌하는 것은 마땅하다. 하지만 어려움을 극복하고 미래의 목표를 달성하고자 하는 사람들에게 많은 도움을 주고 있는, 즉 금융업 자체의 순기능을 수행하고 있는 대다수의 금융사들마저 도매금으로 약탈자 취급을 하지 않도록 지혜롭게 처신해야 할 때라고 생각한다.

⑤ 저축은행에 관한 과도한 의심과 오해

저축은행을 스마트하게 이용하는 고객이 늘어나는 추세다. 최근 저축은행 업계가 핀테크 기술을 적극 도입하면서 편의성을 높이고 서비스 질 향상을 위해 다양한 업무 혁신을 추진하고 있기 때문이다. 또한 저축은행 업계는 과거 몇몇 저축은행의 파산으로 인한 부정적인 인식을 해소해 나가고자 시중은행 수준의 리스크 관리를 통한 건전성 강화와 더불어 친근한 캐릭터들을 앞세우며 업계에 대한 불신을 줄여나가고 있다.

저축은행 이용을 고려할 때 가장 먼저 꺼려지는 부분은 시중은행만큼 지점이 많지 않아 접근성이 떨어진다는 점이다. 하지만 이런 어려움도 이제는 옛말이다. 저축은행도 모바일을 통해 손쉽게 계좌 개설과 가입이 가능해졌기 때문이다.

2016년부터 저축은행중앙회가 개발해 운영 중인 'SB톡톡'은 전국 주요 저축은행의 다양한 예·적금 상품을 비교하고 가입할 수 있는 어플리케이션이다. 특히 다수의 저축은행들은 비대면 채널인 SB톡톡의 장점을 살려 지점 가입 시 우대 금리를 제공하고 있어 굳이 발품 팔지 않아도 높은 예·적금 금리를 받을 수 있다. 그래서 2019년 9월 말 현재 저축은행의 거래자가 600만 명을 넘었으며, SB톡톡은 SB톡톡플러스 서비스로 개선하여 운영하고 있다.

주요 대형 저축은행들이 운영 중인 자체 앱도 있다. 간단한 본인 인증 절차 후 계좌목록과 거래내역조회 등 개인별 이용내역을 제공하며, 대출한도조회부터 대출 신청 등 다양한 서비스를 이용할 수 있다. 또한 카카오톡을 통해 챗봇 상담 서비스도 제공한다.

💲 중금리 시장을 개척하고 있는 저축은행

저축은행에 대한 가장 많은 오해 중 하나는 대출 금리가 높다는 점이다. 저축은행의 조달금리가 시중은행과 달라 금리가 높은 것은 사실이지만 업계도 지속적인 금리 인하 노력을 통해 신용대출 금리를 낮추고 있다. 신용대출이 필요할 때 저축은행을 고려해 볼 만한 이유다.

저축은행은 지난 3년간 활발히 중금리 상품을 공급하며 중·저 신용자의 금리 단층을 해소하는 역할을 담당해 왔다. 또한 저축은행의 신용대출 평균 금리도 지속적으로 낮아지고 있다. 저축은행 중앙회 공시 자료(2019년 4월 기준)에 따르면 자산규모 순위 상위 10개사의 신용대출 평균금리는 연 18.85%로 전년 동기 대비 2.6% 포인트가 낮아졌다.

💲 자산건전성이 높은 저축은행도 있다

저축은행 이용을 꺼리는 또 다른 이유는 과거 일부 저축은행들의 부실로 인해 저축은행이 안전하지 않다는 오해 때문이다. 하지만 2011년 저축은행사태 발생으로 대규모 구조조정을 하였기에 2014년 6월 이후 안정화되기 시작했다. 저축은행 업계는 금융사의 자산건전성 지표로 알려진 'BIS기준 자기자본비율'이 2018년 기준 업계 평균 14.36%를 기록해 금융 당국의 규제 기준을 훨씬 웃돌고 있다. 또 다른 건전성 지표인 '고정이하여신비율'은 5.0%를 기록하고 있다. BIS기준 자기자본비율은 그 비율이 높을수록 해당 금융사의 건전성이 좋다는 의미다. 고정이하여신비율은 전체 여신 대비 부실 여신 비율로 그 비율이 낮을수록 건전성이 양호하다는 의미다. 이와 같은 전국 79개의 저축은행의 경영 현황에 대한 정보는 금융감독원 금융통계정보시스템을 통해 확인할 수 있다.

아울러 저축은행에 저축한 예금도 '예금자보호법'에 근거해 한 금융회사에서 원금과 이자를 포함해 1인당 5천만 원까지 보호받을 수 있다는 점을 기억하자. 혹시라도 불안함을 떨칠 수 없다면 건전성이 입증된 여러 저축은행에 예금을 분산 예치해 위험에 대비하는 방법도 있다. 과거에 비해 저축은행에 대한 많은 정보가 다양한 경로를 통해 제공되고 있는 만큼 자신에게 필요한 금융 서비스를 적절히 활용한다면 자산 관리에 도움이 될 것이다.

서민금융기관의 맏형격인 저축은행은 금융위기 이후 저신용·고위험 고객을 대상으로 개인신용대출을 확대하고 있다. 재무건전성이 취약한 대부분의 중소 저축은행들은 자본금을 확충하고 구조조정을 단행한 후 환골탈태해야 한다. 지역 서민과 자영업 등을 지원하는 지역밀착형 금융기관으로 재탄생하지 않으면 우량화나 지속 가능한 성장은 요원할 것이다. 은행에 비해 업무영역 범위가 제한된 상황에서 빠른 의사결정과 유연성을 최대로 활용해야 한다. 서민맞춤 대출서비스(구 한국이지론) 등과 같은 대출수요를 유인할 수 있는 효율적인 시스템에 적극적으로 참여하고 틈새시장 상품개발능력을 재고할 필요가 있다.

아울러 최근 급성장하고 있는 토스, 뱅커샐러드 등 인터넷혁신 기업들과 새로운 금융업종으로 법제화된 테라펀딩, 팝펀딩, 렌딩펀딩 등과 같은 P2P금융업체, 소비자의 통신정보 등 비금융정보를 활용해 금융소외자를 포용하는 크레파스 솔루션의 '청년 5.5' 같은 대출상품에 관심을 갖고 협업을 추진할 필요가 있다. 지금은 초연결, 초융합의 시대인만큼 현명하게 대응할 필요가 있다.

💲 K뱅크·카카오뱅크의 서비스혁명, '인터넷뱅크'

금융서비스의 大 지각변동은 이미 시작됐다. 인터넷은행의 등장은 많은 변화를 불러일으켰다. 금융서비스가 고객 중심으로 재편됐다. 검색 하나로 금융사를 쉽게 갈아타는 앞으로의 세대들을 위해 금융 거래 시 부담이 됐던 각종 수수료가 크게 낮아지고, 복잡한 서류와 절차도 대폭 축소될 것이다.

케이뱅크와 카카오뱅크가 선보이거나 내놓을 서비스의 핵심은 금융거래에서 고객이 불편하거나 부담이 컸던 부분들에 대한 혁신이다. 대표적인 것이 바로 수수료다. 해외 유학생이 연간 지출하는 비용이 4조 원대에 이르는데 카카오뱅크는 해외송금 수수료를 기존 은행의 10분의 1 수준으로 낮춰나가고 있다. 은행 점포를 방문하지 않아도 카카오뱅크 애플리케이션을 통해 손쉽고 저렴하게 외화 송금이 가능하도록 시스템도 구축하고 있다. 단순히 해외 송금과 관련해 고객들이 지불했던 비용을 떠안겠다는 의미가 아니라 국제결제망을 사용해 마진을 줄이거나 또 다른 방식으로 고객들의 부담을 최소화한다는 계획이다. 아울러 간편결제 역시 결제대행업체나 전자결제대행사를 배제해 수수료를 줄여나간다고 밝혔다.

기본적으로 인터넷은행은 지점이 없어 인건비가 들지 않는다. 특히 인터넷은행은 향후 치솟는 대출이자를 다소 끌어내리며 중금리 대출 경쟁을 견인할 것으로 보인다. 가계부채 1천 500조 시대에 대출이자로 허리가 휘는 서민들 입장에서는 중금리 대출, 저신용자 대출 확대 소식이 반가울 수밖에 없다.

⑤ 위기의 카드사, 중금리 대출을 엿보다

최근 가맹점 수수료 인하, 시장 경쟁 심화 등으로 업황이 나빠진 국내 카드사들도 중금리 대출 시장을 새로운 활로로 삼기 시작했다. 미국만 해도 카드업권은 소비자금융 시장 내 경쟁이 심해지면서 신용이력이 충분하지 않은 밀레니얼 세대(20~29세)나 신용도가 낮은 고객을 대상으로 한 카드상품을 출시하고 관련된 자금공급을 확대하고 있다.

국내 카드사들 역시 최근 중금리대출 상품 출시를 통해 중신용자 대상 자금공급을 확대하고 있다. 하지만 대출 부문 규제 강화로 대출사업의 성장에는 한계를 보이고 있다. 카드사들은 새 중금리 기준에 맞는 상품을 출시할 경우 대출 규제 인센티브를 받을 수 있다. 총자산 대비 대출자산 비중을 30% 이하로 유지해야 하지만 중금리대출의 경우 대출 금액이 80%로 축소돼 대출자산에 반영된다. 또 전년 대비 대출 증가율을 일정 비율 이내로 규제하는 가계대출 총량규제 대상에서도 제외된다. 하지만 사실 현재 정부 정책 차원에서 중금리대출 상품을 장려하고 있기 때문에 업계에서도 관련 상품을 출시하고 있는 상황일 뿐 기존보다 금리를 낮췄기 때문에 수익성 측면에서는 떨어질 수밖에 없다.

카드사들이 적극적으로 중·저신용자 대상 대출자금 규모를 늘릴 수 있는 환경을 조성해 주는 것도 중요하다. 중금리 대출은 카드론이나 현금서비스 등 고금리 대출과 비교하면 마진이 낮은 편이다. 카드사의 중금리 대출 평균금리가 연 5.5% 포인트 인하돼 고객들의 금리 부담 경감에 기여하는 만큼 카드사의 수익성에는 악영향을 미칠 수 있다는 것을 충분히 감안해 줘야 한다.

또 중금리대출은 4등급 이하인 중·저신용 차주들이 주로 이용해 리스크 관리가 쉽지 않다는 점도 이해해야 한다. 저신용 고객들에게 기존보다 낮은 금리로 대출을 진행하다 보니 대상 선정부터 한층 고도화된 신용평가 역량이 필요하다. 다행스럽게도 지난 1월 9일, 신용정보법 개정안이 발의된 지 1년 3개월 만에 국회를 통과하여 비금융정보를 활용한 신용평가로 포용금융을 확충할 수 있게 되었다.

금융당국은 개정법률안이 제대로 정착되어 금융소외를 당하는 서민들에게 실질적인 도움이 될 수 있도록 해야 한다. 카드사 역시 상품 개발에서부터 판매에 이르는 전 과정을 금융소비자 관점에서 살펴봐야 한다. 소비자에게 신용카드 이용을 권유할 때의 얼굴과 신용카드 연체자금 상환을 독촉할 때의 얼굴이 같을 수야 없겠지만 둘다 윈윈할 수 있는 지혜를 발휘할 필요가 있다.

저축은행 높은 보험료는
누가 부담하나?

사회초년생인 20대 후반의 박 씨는 대학생 시절 학자금 등을 마련하기 위해 일상적으로 돈을 대출받거나 신용카드를 사용하곤 했다. 그러다보니 어느 순간 저축은행에서 대금을 연체하는 경우가 점차 늘어났다. 이자 부담도 감당하기 어려워졌다. 그러니 신용등급이야 말할 것도 없이 낮았다. 시중은행과 저축은행, 대부업체에서도 더 이상 돈을 빌리기가 어렵게 됐다. 결국 박 씨는 사채 시장에서 돈을 빌려 늘어나는 부채를 돌려막기 할 수밖에 없었다. 신용불량자가 된 박 씨는 자존감도 낮아졌다. 이성을 만날 엄두조차 내지 못했다. 대신 매일 집에서 게임이나 하거나 술을 마시면서 괴로움을 잊으려고 했다.

💲 저축은행 높은 보험료는 누가 부담하나?

'예보료'라는 개념이 있다. 예보료란 금융기관이 파산 등 예금을 지급할 수 없을 때 예금의 지급을 보장해 예금자를 보호하고 금융제도의 안정성을 유지하기 위해 각 업권별로 예금보험공사(이하 예보)에 내는 돈이다. 저축은행의 예보료율은 시중은행(0.08%), 보험·금융투자사(0.15%)보다 많은 0.4%다. 시중은행과 비교하면 저축은행의 예보료율은 5배에 달한다.

타 금융권과 달리 저축은행의 예보료율이 높은 이유는 무엇일까? 전국을 뒤흔들었던 2011년도의 저축은행 사태 때문이다. 일부 저축은행이 서민들의 예금으로 불법적인 프로젝트 파이낸싱(PF,

건설 사업에 자금을 투자하는 형태)에 무분별하게 투자했다. 당시 미국 서브프라임 모기지 사태 여파가 우리나라에도 영향을 미치게 되면서 건설사들이 부도를 내기 시작했다. 채권들이 급격하게 부실화되며 막대한 손실을 입으면서도 예금 일부를 비자금으로 조성하는 등 경영진들이 도덕적 해이를 보인 것이 뱅크런(고객들이 한꺼번에 은행으로 달려가 예금을 찾는 일)의 단초가 되었다. 이후 금융당국의 조사 결과 건전성 악화를 보인 저축은행들이 연쇄적으로 영업정지를 당했다.

　바로 그 당시 현장에 필자가 검사국장으로 있었다. 이로 인해 예금보험공사는 예금자보호법에 따라 1인당 5천만 원까지의 원리금을 전액 보호하는 데 많은 돈이 들어가다 보니 은행 등 다른 업권에 비해 높은 보험료를 부담토록 한 것이다. 그러나 결국 높은 보험료는 대출원가에 포함되어 은행을 이용하지 못하는 서민들의 몫으로 돌아온다는 우려가 큰 실정이다.

💲 예보율 낮춰달라는 저축은행 vs 반대하는 예보

저축은행 측은 과거에 비해 건전성이 개선됐으니 예보율을 좀 낮춰달라고 요구하고 있다. 실제 국내 저축은행의 국제결제은행 BIS 기준 자기자본비율은 금융당국이 요구하는 8%를 큰 폭으로 넘어섰다. BIS 비율이 높을수록 건전성이 높게 평가된다. 하지만 여타 금융업권이나 예보가 이를 강하게 반대하고 있어 예보율 인하는 순탄치 않다. 예보 측은 저축은행 사태로 예보기금에서 지원된 돈만 27조 원에 이르고 아직도 15조 원을 회수하지 못하고 있는 점을 들어 반대하고 있으며, 여타 금융업권도 저축은행의 손실을 자신들이 부담해 왔다며 반대다.

좀 더 구체적으로 살펴보면 2011년 저축은행 부실 사태로 예보의 적자가 막심해지자 정부는 예보료 공동계정을 저축은행 구조조정 특별계정으로 변경해 2026년 12월까지 한시적으로 운영하기로 했다. 운영 목적도 저축은행계정의 건전화를 지원하는 것으로 바뀌었다. 이 때문에 다른 금융사들이 내는 예보료 가운데 약 45%가 저축은행 부실을 정리하는 용도의 특별계정으로 적립되고, 이 계정은 오직 저축은행에서만 사용할 수 있게 됐다. 결국 저축은행 부실 사태에 따른 재원 투입 책임을 전 금융업권이 나눠 갖고 있는 셈이다. 예보율 인하를 요구하는 저축은행을 곱게 보지 않는 이유다. 다른 금융사들이 저축은행 특별계정에 부담하지 않아도 될 보험료를 부담하고 있는데, 지금 상황에서 저축은행의 보험료율을 낮추면 타 업권에서 불공평하다는 주장이 나올 수밖에 없었다.

그럼에도 불구하고 너무 높게 산정된 예보료율 탓에 저축은행을 이용하는 저소득, 저신용자들이 상대적으로 높은 이자율을 부담하게 되는 구조를 곰곰이 생각해 볼 필요는 있다.

저축은행을 이용하는 서민들의 입장에서 접근했을 때도 예보료율은 불합리하다. 대출을 받을 때 예보료에 대한 부분이 대출원가에 가산되기 때문이다. 저축은행 사태가 7~8년이 지났고 현재 저축은행들의 건전성 부분도 많이 개선되었기 때문에 서민들을 위해서라도 조정을 고려할 필요가 있다. 또한, 부실한 저축은행을 인수한 업체들의 책임으로 돌리기도 어렵지 않은가? 자의 반 타의 반으로 떠안은 경우도 많은 마당에 말이다.

금융권역을 은행과 제2금융, 대부업으로 나눠놓은 것은 나름대로 이유가 있다. 리스크에 따라 다음 권역으로 넘기는 것이므로 거래 고객이 서로 다른 은행과 저축은행은 규제를 각각의 영역에 맞게 합리적으로 조정할 필요가 있다.

💲 대부업체의 편식 중신용자 vs 저신용자

대부업체의 우량고객 편식이 심해지고 있다. 정부의 가계 빚 규제 강화 속에 법정 최고금리가 인하되었다. 그 여파로 대형 대부업체를 중심으로 저신용자 대출을 거부하는 움직임이 뚜렷해졌다.

서민금융연구원의 연구에 따르면 2018년까지만 해도 대부업체의 대출 거절은 대부업 대출이 많은 40대 자영업자 연령층에서 가장 높았다. 하지만 2019년에는 40대보다 20대의 비중이 더 높았다. 전 연령층 가운데 20대의 대출 거절 비중이 가장 높았던 것이다. 실제로 2018년에 전 연령층의 대출 거절 비율이 49% 선인 데 비해 20대 대출 거절 비율은 이보다 14%p 높은 63% 수준이었다.

이와 같은 대출 거절 비율은 최근 들어 급증하는 추세다. 지난 2015년 이전에는 20대의 대부업 대출 거절 경험 비중이 13% 선이었으나 2016년에는 14%, 2017년에는 33%로 급상승했다. 2018년부터 폭증하면서 60%대로 올라섰다.

💲 저소득·저신용자를 위한 대출상품, 햇살론17

'햇살론17'의 재원은 국민행복기금이다. 2019년에 2천억 원, 2020년에 5천억 원, 2021년부터는 해마다 1조 원씩 공급할 계획이다. 햇살론17을 이용하면 연 17.9% 금리로 7백만 원을 빌릴 수 있다. 기존 서민금융상품과 달리 신용도 등에 따라 금리와 한도를 차등화하지 않고 최소한의 요건을 통과하면 동일한 조건으로 대출한다.

소득 3천 5백만 원 이하이거나 신용이 6등급 이하이면서 연 소득 4천 5백만 원 이하면 신청할 수 있다. 일용직 노동자, 아르바이트생, 농어민처럼 소득 증빙이 힘든 사람은 전국 47개 서민금융통합지원센터를 방문하면 된다. 저신용자를 끌어안으려고 내놓은 상품인 만큼 대출 심사는 기존 정책금융상품보다 덜 까다롭다. 과거

연체 이력이 있거나 2금융권에 빚이 있는 것은 큰 결격 사유가 되지 않는다. 다만 연체 중인 상태에서 신청하거나 소득 대비 부채가 너무 많으면 거절당할 수 있다.

대출금은 3년 또는 5년 동안 원리금균등 분할상환 방식으로 갚아야 한다. 대출금 7백만 원 기준으로 5년 상환 조건을 선택하면 원리금 상환액은 월 17만 7천 373원이다. 1년 동안 연체가 없으면 다음 해 금리를 깎아준다. 첫해 연 17.9%를 시작으로 3년 상환 조건은 연 2.5% 포인트씩, 5년 조건은 연 1% 포인트씩 내려간다. 고금리 사채를 갚을 수 있는 대안대출상품이니만큼 현재 사채를 이용 중인 분들이라면 서민금융진흥원^(국번 없이 1397)으로 문의하면 도움을 받을 수 있다.

💲 병원비 급전 걱정도 날릴 수 있다

햇살론17은 병원비 등을 이유로 대출이 더 많이 필요한 사람에겐 대면 심사를 거쳐 한도를 1천 4백만 원으로 늘려주는 특례 조항도 두었다. 여윳돈이 생기면 언제든 갚을 수 있도록 중도상환수수료를 받지 않는다. 이용 횟수 제한도 없다. 7백만 원을 다 갚으면 다시 햇살론17을 이용할 수 있다.

정부는 2020년까지 7만~10만 명이 이 상품을 활용해 연간 이자부담액이 약 9백억 원 줄어들 것으로 예상했다. 또 다른 장점도 있다. 민간 대출과 정책금융 간 가격 경쟁이 확대돼 전반적인 금리

수준의 하락을 유도할 수 있을 거라 기대하고 있다.

햇살론17을 내놓은 이후 다른 서민금융상품은 통·폐합하여 햇
살론 대환, 바꿔드림론, 안전망 대출 등은 2019년 9월 말까지만
공급되었다. 이들 상품은 대부업체의 마케팅에 악용되면서 고금리
대출을 되레 조장한다는 비판을 받았기 때문이다. 물론 정부가 설
계한 서민용 대출상품의 재원을 민간 금융회사들이 부담하는 일이
반복돼서는 안 된다는 주장도 있다. 우리 서민금융연구원도 핀테
크기업 지앤넷 등과 더불어 서민금융상품을 공동 개발해 나갈 예
정이다.

핀테크 시대
서민을 위한 금융 플랫폼

지난해 여름, 49세 회사원 윤 씨는 친구로부터 대형 증권회사 출신 유명 펀드매니저가 투자자금을 모집하고 있으니 함께 참여하자는 제안을 받았다. 투자설명회에서 펀드매니저는 화폐 간 환율 차이를 이용하거나 금융(Finance)과 정보통신기술(Technology)의 합성어인 핀테크(FinTech)를 기반으로 가상 통화를 발행해 수익을 내겠다는 계획을 밝혔다.

윤 씨는 원금은 무조건 돌려주고 투자기간 동안 매월 10% 내외를 이자로 얹어준다는 설명에 솔깃해 2천만 원을 투자했다. 4개월 동안 고수익을 챙긴 김 씨는 지난해 말 미국 환경당국의 허가를 받은 뉴욕의 폐유 재가공업체에 투자하면 6개월에 400%의 확정수익을 약속한다는 펀드매니저의 말을 믿고 2천만 원을 추가로 더 투자했다가 날벼락을 맞았다. 지난달부터 이자 송금은커녕 해당 업체와 연락도 닿지 않고 있기 때문이다.

⑤ P2P대출 = 소셜론(Social Loan)

우리나라에서 현재 핀테크는 간편결제의 또 다른 말로만 쓰이는데 사실 엄밀히 구분하자면 같지 않다. 간편결제 시장은 기존의 금융 시스템 안에서 보다 간편하게 상품을 결제할 수 있는 기술적인 변혁으로 정의할 수 있다. 즉 금융 시스템 자체에 대한 변화가 아니라, 기존의 시스템을 보다 간편하게 사용할 수 있도록 기존 기술이 발전한 형태다. 하지만 P2P 대출은 다르다. 기존의 금융 시스템과는 전혀 다른 새로운 형태로 간편결제 이상의 의미를 가지고 있는 '진짜 핀테크'의 영역에 속하는 시스템이라 감히 말할 수 있다.

P2P 대출Peer-to-Peer Lending은 2005년 영국에서 처음 등장한 이
후 미국과 유럽을 중심으로 빠르게 성장하고 있는 새로운 개념의
대출 시스템이다. P2P 대출은 은행을 중심으로 한 금융 제도로 인
해 생성되고 발전된 것이 아니라, 시대의 변화에 따라 고안되고 새
로이 자리를 잡은 금융 상품이다. SNS를 비롯한 IT 기술의 발전이
이 금융 서비스의 성장을 이끌고 있다. 기존의 금융기관을 거치지
않고 별도의 플랫폼을 이용해, 개인과 개인이 돈을 빌려주고 이자
를 받는 새로운 방식이 P2P 대출의 주를 이룬다. 이를 위한 서비
스 플랫폼은 주로 웹사이트나 소셜 네트워크 서비스가 이용되기에
일부에서는 '소셜론Social Loan'이라고도 칭한다.

어느 개인이 P2P 대출 서비스에 대출을 신청하면 다른 서비스
이용자들은 그 개인에게 자금을 빌려주고 정해진 기간 동안 원금
과 약속받은 이자수익을 취한다. 다만 기존과 다른 점이라면 '은행'
이 빠진다는 점이다.

💲 P2P 대출의 시대, 크라우드펀딩으로 열리다

'크라우드펀딩Crowd funding'은 불특정 다수에게서 투자금을 모으
는 펀딩 방식을 뜻하는 것이다. 자금이 없는 사업가나 예술가 등
이 자신이 제작하고 있는 프로젝트를 공개하고 여기에 관심이 있

는 다수에게서 프로젝트 진행을 위한 자금을 후원받는 투자 방식을 이야기한다.

P2P 대출은 이와 같이 프로젝트를 지원하는 성격을 가진 불특정 다수 대상의 콘텐츠 후원 개념에서 한 발짝 더 나아가, 불특정 다수와 개인 간의 대출로 발전한 형태를 띠고 있다. 금융 시스템 아래에서 담보를 제공하기 힘든 개인에게 대출을 해주고, 자금을 댄 이들에게는 은행의 금리보다 높은 이자수익을 보전해 주기 때문에 자금이 필요한 개인은 물론 잉여자본을 통해 수익을 창출하려는 이들에게도 P2P 대출은 각광을 받는다. 일반적으로 P2P 대출의 이자율은 은행권 이자보다는 비싸지만 제2금융권 이하의 대출상품들보다는 낮은 금리가 형성돼 있다.

💲 드디어 대부업 꼬리표를 떼다

2019년 11월 31일 규제 기준이 미비했던 P2P금융이 법제도 안으로 편입되면서 P2P업계 성장이 가속화될 것으로 기대된다. 법제화를 통해 P2P금융을 핀테크 산업으로 육성시키고자 하는 금융당국의 계획이 탄력을 받을 수 있음은 물론이고 '대부업체'라는 꼬리표에서 벗어나 'P2P금융'이라는 지위를 확보할 수 있기 때문이다. 하지만 현재까지는 신용대출보다 부동산 PF대출 취급이 압도적인 상황이다. 부동산 프로젝트 파이낸싱PF 대출이 많은 비중을 차지하고 있기 때문에 연체율도 높아지고 있다.

당초의 목적대로 P2P금융이 금융이용자들의 대출 문턱을 낮추고 보다 합리적인 수준으로 금리를 제공해 제1금융권과 제2금융권 대출 금리의 빈틈을 줄이는 데 일조하기를 기대한다.

⑤ 새로운 자금조달 창구 · 투자처 부상

외국은 이미 P2P대출이 금융시장의 한 축을 차지하고 있다. P2P업체가 급성장할 수 있었던 건 저성장, 저금리 시대 새로운 자금조달 창구로 부상했기 때문이다. P2P 업체는 편의성, 접근성, 중금리로 고객을 끌어모으고 있다.

P2P업체 강점은 낮은 금리다. 시간이 흘러 지금은 금융사들이 취급하지 못하는 틈새시장을 비집고 개인 간 금융P2P, Peer to Peer이 활성화되고 있다. 기존의 서버와 클라이언트 개념이나 공급자와 소비자 개념에서 벗어나 개인 컴퓨터끼리 직접 연결하고 검색함으로써 모든 참여자가 공급자인 동시에 수요자가 되는 형태이다.

⑤ 파이낸스 사태의 교훈과 현재 P2P 대출의 경고

우리는 1999년의 파이낸스 사태의 뼈아픈 교훈을 잊지 말아야 한다. 부산·경남지역을 중심으로 1백여 개 업체가 난립하여 3만여 명의 피해자를 발생시키면서 온 나라를 뒤흔들어 댔던 매우 큰 금융사고였다. 왜 그런 일들이 벌어졌는가. 당시의 시대적인 배경을 살펴보면 IMF 사태로 인해 시장경제가 악화되면서 수많은 기업들의 도산과 실업자 대량 양산이 일어났다. 서민들의 생활이 어려워지면서 단기간에 많은 수익을 얻을 수 있는 재테크 수단이 절실했다. 그때 금융회사들이 줄줄이 도산에 빠지면서 서민들과 영세 소상공인들은 제도금융권에서 돈을 빌리기가 어려웠다. 자금을 빌리는 수요 측 요인과 돈을 빌려주고자 하는 공급 측의 여건이 들어맞았던 것이다. 그러나 그 당시의 법률로서는 피해를 사전에 예방하는 데 한계가 있어서 결국 정부는 현행 '유사수신 행위의 규제에 관한 법률'을 제정하게 된다.(2001.1.12)

해당 법률내용은 다른 법령에 따른 인가·허가를 받지 아니하거나 등록·신고 등을 하지 아니하고, 불특정 다수인으로부터 자금을 조달하는 것을 업業으로 하는 행위로서, 장래에 출자금의 전액 또는 이를 초과하는 금액을 지급할 것을 약정하고 출자금을 받는 행위, 장래에 원금의 전액 또는 이를 초과하는 금액을 지급할 것을 약정하고 예금·적금·부금·예탁금 등의 명목으로 금전을 받는 행위, 장래에 발행가액發行價額 또는 매출가액 이상으로 재매입再買入할 것을 약정하고 사채社債를 발행하거나 매출하는 행위, 장래의 경제적 손실을 금전이나 유가증권으로 보전補塡하여 줄 것을 약정하고 회비 등의 명목으로 금전을 받는 행위를 할 경우 5년 이하의 징역이나 5천만 원 이하의 벌금에 처하게 된다.

간단하게 바꾸어 말하면 자금조달에 대한 정부의 인허가나 등록 또는 신고를 하지 않고 원금 또는 그 이상의 수익을 보전하면서 자금을 모집(유사수신행위)하면 안 된다는 소리다. 여기서 우리가 간과해서는 안 될 점은 자금을 모집한 업체가 비록 현재는 고객에게 약정한 수익금을 지급하고 있다고 하더라도 모집한 행위 자체가 불법행위이므로 처벌대상임을 명심해야 한다.(간혹 수사기관조차도 법령에 대한 이해 부족으로 약정한 수익을 지급하면 기소조차 하지 않는 경우도 있다.)

일반적으로 자금모집업체가 원리금을 잘 지급할 때는 드러나지 않는 속성이 있다 보니 피해규모가 커지는 경향이 있다. 그러므로 이들 업체에 돈을 맡기는 것은 매우 위험하니 투자에 유의해야 한다. 투자금에 대한 약정 수익이 지급되지 않는 일들이 발생되기까지 투자자들이 그 속내를 전혀 알 수가 없다. 가장 큰 이유는 투자자들이 실제로 회사의 경영이나 자금운용 내용을 감시할 수 있는 주주권을 가지고 있지 않기 때문이다. P2P금융업의 성패는 적법한 자금조달관행의 정착, 기존 금융사들이 접근하기 어려운 틈새시장의 확보에 달려 있지 않을까 생각된다.

'대포통장'을 들고 나타난
'그놈 목소리'

강원도 삼척에 사는 50대 현 씨는 한 통의 전화와 이메일을 받고 깜짝 놀랐다. 전화를 한 사람은 자신이 금융위 직원이라며 현 씨의 실명을 불렀다. 그는 지금 당신의 은행 계좌가 자금 세탁에 연루됐으니 빨리 돈을 인출해 금융위원회 직원에게 전달하라고 통보했다. 그리고 그는 다시 현 씨의 이메일로 서울중앙지방법원 관인이 찍힌 압수수색검증영장과 서울중앙지검 관인이 찍힌 공문서를 보내왔다. 메일을 받은 현 씨는 서둘러 현금 9천 2백만 원을 준비한 뒤 돈을 받으러 온, 자신을 금융위원회 직원이라고 말한 박 씨를 만났다. 그가 금융위 위원장 직인이 찍힌 '금융범죄 금융계좌 추적 민원'이라는 제목의 위조문서도 보여주었기에 조금도 의심하지 않았다.

통장에 남았던 잔고 9천 2백만 원 현금을 몽땅 인출해 건넸던 현 씨는 뭔가 이상하다는 생각이 들어 뒤늦게 경찰에 신고했다. 신고받은 경찰은 돈을 받아간 박 씨의 교통이동 경로를 파악해 지하철에서 하차하는 박 씨를 검거할 수 있었다. 현 씨는 가슴을 쓸어내렸다. 당시에는 뭔가에 홀린 듯한 기분이었다고 그는 중얼거렸다.

💲 눈 감으면 코 베 간다

예전에 70대 고령자가 금융감독원을 사칭하는 보이스피싱 사기범에게 속아 9억 원을 사기당하는 역대 가장 큰 규모의 피해가 발생한 적이 있었다. 사기범의 수법은 교묘했다. 사기범은 피해자에게 발신번호가 '02-112'로 보이도록 발신번호를 조작하고 금감원 팀장을 사칭해 접근했다. 그런 후 피해자 명의의 대포통장이 개설

되어 범죄에 이용되었다며 불안감을 조성하면서 송금을 요구했다. 피해자는 다급한 마음에 정기예금, 보험 등을 해지하여 사기범이 알려준 대포통장 계좌로 송금하고 말았다. 참으로 안타까운 사건이 아닐 수 없었다.

전자금융거래법 제49조에 "대가를 수수, 요구 또는 약속하면서 접근 매체를 대여받거나 대여하는 행위나 보관, 전달, 유통하는 행위 또는 범죄에 이용할 목적이나 이용될 것을 알면서 접근매체를 대여 받거나 대여하는 행위 및 보관, 전달, 유통하는 행위를 금지하고 이를 위반하는 경우 3년 이하의 징역 또는 2천만 원 이하의 벌금에 처함"이라고 규정되어 있다.

또 다른 사례도 있다. 군대에 간 아들을 사칭하여 돈을 받아내는 고전적 수법이다. 여기서 더 나아가 저신용자들이 돈을 빌리기 어렵다는 점을 악용한 대출사기형 보이스피싱도 많이 발생한다. 또한 기관사칭형도 피해가 계속되고 있다. 경찰·검찰·금감원 등을 사칭하여 범죄에 연루되었다거나 대포통장 개설 등을 빙자, 불법 자금인지 여부를 확인해야 한다거나 보호조치가 필요하다며 돈을 요구하는 수법이다. 특히, 검사(검찰)를 사칭한 범행으로 인한 피해 사례가 많다.

더구나 지난해에는 편취자금을 현금화하기 위해 기존에 사용하던 대포통장 대신 금융권의 의심거래 모니터링 및 자동화기기 인출 제한(1일 6백만 원, 1백만 원 이상 입금 시 30분간 지연 인출)이 적용되지 않고 거액의 출금이 가능할 뿐 아니라 자금추적이 어려운 가상통화를 악용하여 피해금을 편취하는 사기가 크게 증가했다. 대출 절차 진행을 위해 관련 앱을 설치해야 한다고 속여 피해자들의 휴대전화에 악성 코드가 포함된 앱을 설치하는 경우, 해당 앱이 설치되면 피해자가 확인을 위해 실제 금융기관으로 전화를 걸어도 악성코드가 전화 신호를 가로채 중국에 있는 보이스피싱 조직원에게 연결되게 된다.

인출된 돈은 바로 중국 위안화로 환전돼 대부분 송금되는 것으로 추정된다. 하루 평균 12억~16억 원씩 중국으로 빠져나가는 셈이다. 하루에 몇십 억씩 서민들의 주머니를 털어가는 사기범들에 대한 강력한 단속과 신종수법에 대한 홍보가 필요하다. 이들 조직이 피해자에게 설치를 유도한 앱은 계좌 내용은 물론이고 통화내역까지 들여다보는 기능이 있다. 그러니 휴대전화 이용자들의 주의가 필요하다.

보이스피싱범은 광범위하게 유출된 개인정보를 악용하여 성별이나 연령대별 취약 계층을 표적으로 삼는다. 그렇게 표적으로 삼은 대상에게 보이스피싱을 시도하는 치밀함까지 보이고 있다. 특히 피해자인 사람들도 실제 피해를 발생시키는 데 일조했기 때문에 처벌의 대상이 되어 수사를 받는 경우가 있다. 보이스피싱으로 타인에게 금전적 피해를 입혀 사기방조 혐의를 받을 수도 있고 체크카드나 통장 정보 등을 알려줘 그 정보가 보이스피싱에 이용되었다면 전자금융거래법 위반 혐의를 받을 수도 있다.

보이스피싱 사건에서 취업광고나 대출 광고에 속아 자신의 개인 정보를 제공하여 자신도 모르게 범죄의 도구로 이용되는 사람들이 다수 존재한다. 그러나 보이스피싱 범죄의 사회적 심각성 및 피해자에 대한 손해의 복구가 대부분 이뤄지지 않는 점을 이유로 수사기관은 의뢰인과 같이 보이스피싱에 단순히 이용된 사람들에 대해서도 보이스피싱의 공범으로 생각하며 수사의 대상으로 여기고, 실제로 처벌까지 받은 사례도 있으니 정말 조심해야 한다.

💲 도둑맞으려면 개도 짖지 않는다

'그런 건 상식 아닌가요?' 당하지 않은 분들은 쉽게 이야기한다. 평상시 같으면 상식적으로 속아 넘어갈 일이 아니다. 모 지방 법원장까지 사기를 당했다는 보도를 접하면서 상식이 부족해서 사기를 당하는 것 같지는 않다. 도둑을 맞으려면 잘 짖어대던 개도 짖지 않는다는 속담이 있지 않은가? 사기범에게 유혹당해서 넘어가는 순간 아무것도 보이지도 들리지도 않는다. 넋은 어디로 나가버리고 사기범이 시키는 대로 움직인다. 출두요구서를 관공서도 아닌 길바닥에서 주면서 언제까지 나오라고 한다면 평상시 같으면 속아 넘어갈 일인가? 지금 이 순간에도 사기자금이 중국으로 넘어가고 있다. 남의 일이라 생각할 일이 아니다. 개가 짖지 않았다고 나무라기만 할 일이 아닌 것이다.

관공서는 절대로 문자나 메일로 일반인에게 공문서를 전달하지 않는다. 또한 관공서가 아닌 길에서 공문서를 전달하지도 않는다. 그런 이유로 만일 관공서나 노상에서 문서를 받았을 경우는 일단 의심부터 하고 봐야 한다. 그럴 경우 십중팔구 사기라고 생각해야 한다. 하지만 안타깝게도 많은 이들이 문자나 메일로 온 공문에 놀라고, 길 위에서 공문서를 전달하겠다는 사람을 기꺼이 만난다.

보이스피싱 피해를 줄이기 위해서 당국은 신종피해사례 발생 시 신속히 전 국민 대상 사기경보를 발령하고, 사기범 목소리를 적극 공개하는 등 사기범들과의 전쟁을 선포해야 한다. 또한 고령·취약계층에 대해서는 금융사가 먼저 보호하는 제도를 적극적으로 확대하도록 유도할 필요가 있다. 기업은행이 만든 인공지능앱과 같은 서비스를 전 국민이 휴대폰에 설치토록 하는 등 특단의 대책이 필요하다. 또한, 그놈 목소리를 공개했듯이 사기범들이 주로 현혹하는 메시지를 모아서 공개할 필요가 있다. 예를 들어 해외에서 귀하의 카드가 결제되었다고 하며 확인하려면 자신들이 보낸 URL을 누르도록 요구하고, 악성프로그램을 심는 수법 등을 전 국민이 알도록 공개하는 것이다. 그리고 이번에는 '그놈 목소리'가 아닌 '그놈의 편지'로 해서 홍보를 하면 어떨까?

금융이용자는 보이스피싱이 특정한 성별·연령층에 국한된 문제가 아니라 내 가족이나 주변인이 언제든지 당할 수 있다는 점을 명심하고, 경찰청·금감원이 공동으로 운영하는 '보이스피싱 지킴이' 등을 통해 범죄수법이나 예방방법, 행동요령 등에 대해 평소 관심을 갖고 숙지해야 한다. 또한 경찰·검찰·금감원이라면서 현금인출, 계좌이체를 요구한다거나, 금융기관이라며 대출에 필요하니 선입금을 요구하는 전화는 무조건 보이스피싱을 의심해야 한다.

사기로 의심되는 전화나 메일이나 문자를 받았다면 인터넷진흥원에서 운영하는 '보호나라' 홈페이지에 접속하여 신고하고, 모르는 상대방이 보내준 문자 메시지나 메일에 포함된 링크를 확인하면 악성 프로그램이 설치되거나 가짜 공공기관·금융기관 홈페이지로 접속될 가능성이 높으므로 주의하여야 한다. 의심스러우면 금융감독원(1332)과 상담하고, 만일 금전피해가 발생했다면 곧바로 경찰청(112)에 신고하여 도움을 받아야 한다.

보이스피싱 범죄는 피싱전화 단계, 인출 단계, 송금 단계별 세밀한 대책이 필요하다. 피싱 단계에서 통신사의 협조를 끌어내고, 인출단계에서 은행원들의 기지를 끌어내고, 환전·송금단계에서 세밀한 단속이 있어야 한다. 그리고 중국 당국의 협조를 끌어내 몸통을 색출하고 강력히 처벌해야 한다. 보이스피싱 근절은 결국 관심과 의지의 문제다. 전문가를 육성하고 범정부 차원에서 대응단을 만드는 것도 필요하다.

$ 대포통장 신고하고 포상금 받는 법

대포통장은 거짓말·허풍을 뜻하는 '대포大砲'와 '통장'이 합쳐져 만들어진 말이다. 쉽게 말해 '거짓말 통장'이다. 금융사기 조직은 보이스피싱과 같은 금융사기를 통해 번 돈을 대포통장을 이용해 빼내간다. 다른 사람 이름으로 개설된 통장인 만큼 수사당국의 추적을 따돌리기 쉽기 때문이다. 전문가들은 금융사기를 없애려면 가장 먼저 대포통장을 없애야 한다고 말할 정도로 이 대포통장이 보이스피싱 범죄에서 아주 중요한 매개물이다. 5대 금융악 척결을 위한 첫 번째 대책이 바로 대포통장을 없애는 것이다.

포상금제도까지 도입했다. 신고내용이 사기범을 잡는 데 얼마나 기여했는지를 평가해 10만 원에서 50만 원까지 포상금을 지급한다. 포상금은 수사가 끝나고 일정한 절차를 거친 뒤 지급한다.

금감원은 포상금 지급 기준을 '단순참고', '적극반영', '우수제보' 등 3가지로 구분한다. 기본적으로 대포통장 매수인의 연락처와 주소만 알면 단순 참고로 인정받아 포상금 10만 원을 받을 수 있다. 인터넷 포털 사이트에 보면 대포통장 광고 글이 많이 올라오는데 여기에 전화번호가 적혀 있다. 이 번호로 전화해 유도질문을 통해 현재 이 사람이 어디에 있는지 실제 휴대폰 전화는 무엇인지 알아내어 신고하면 된다.

만약에 통장을 넘기기로 하고 어디에서 만나기로 했다고 서로 약속을 했다면 만나기로 한 장소를 신고해도 된다. 이 경우 현장에서 사기범을 잡으면 자신이 제보자가 되는 셈이다. 그럴 경우 포상금 50만 원을 받을 수 있다. 실제 대포통장 배달을 부탁받는 몇몇이 금융당국에 신고해 현장에서 사기범을 잡은 사례도 있다. 요즘은 스마트폰으로 통장 판매를 권유하는 문자가 많이 온다. 이런 문자를 캡쳐해서 신고해도 된다.

포상금을 최대한 높이기 위해 노력하고 있다. 물론 신고한다고 해서 모두에게 포상금이 지급되는 것은 아니다. 아무리 신고를 해도 한 분기에 받을 수 있는 포상금은 백만 원으로 제한된다. 금감원이 접수한 제보는 수사기관에 넘겨지고 수사기관이 이를 바탕으로 수사를 진행한다.

* 대포통장 신고사이트
 : 금감원 홈페이지 – 참여마당 – 금융범죄 신고 – 대포통장 신고
* 금감원 방문 및 우편, FAX: 02-3145-8539

⑤ 대포통장 명의인이 된 후 보이스피싱 피해까지 당한 사례

통장을 빌려주면 돈을 준다는 내용의 불법 대포통장 모집 광고가 기승을 부리고 있다. 이런 광고의 타깃은 오늘날의 청년들이다. 취업난에 신음하는 청년들의 심리를 노린 것이다. 특히 취준생이 자주 찾는 구직사이트, SNS를 통한 피해 사례가 급증하고 있다. 절박한 취준생들은 각별히 주의해야 한다. 취업을 목적으로 구직사이트를 이용한 취준생들을 먹잇감으로 삼기 때문이다.

취준생들의 장인 구직사이트는 쉽게 돈을 벌 수 있다고 유혹하기 적절한 장소다. 취준생을 현혹하는 방법은 간단하다. 지원자들에게 기존 채용이 마감되어 다른 아르바이트 자리를 소개한다며 통장 임대 시 계좌당 10만 원을 지급하겠다고 유인한다. 취준생의 사용하지 않는 계좌가 돈줄이 되니 가만히 돈을 벌 수 있는 기회인 셈이다.

페이스북에도 여전히 기승을 부리고 있다. SNS를 통해 대포통장 모집 신고가 들어온 건수도 많다. SNS를 통해서는 취준생뿐만 아니라 직장인까지 위험하다. 특히 직장인들은 자칫하면 모아둔 돈까지 뺏기는 수가 있기 때문에 조심해야 한다. 사기단은 주류회사 등을 사칭하며 회사의 매출을 줄여 세금을 절감할 목적이라며 통장 양도 시 월 최대 6백만 원을 지급하겠다는 문자를 보낸다. 통장 양도 이후에도 계속된다. 피해자의 신고로 계좌가 지급정지 되면 사기범이 지급정지를 해제시켜주겠다고 속여 돈까지 빼앗는 신종수법까지 생겨났다. 이외의 인터넷 사이트를 통해 사기범이 준비해주는 서류로 법인 대포통장 개설을 도와주면 개당 7만 원씩 지급하겠다는 사례도 있다.

정상적인 금융기관과 투자회사는 통장에 들어온 돈을 인출해 주는 대가로 금리 우대나 수수료 등을 제공하지 않는다. 어떠한 경우에도 타인에게 통장을 양도하는 행위는 불법으로, 통장 매매는 형사처벌 대상이고 피해자에 대한 손해배상 책임도 있다. 금융질서 문란 행위자로 등록되면 최장 12년 동안 금융거래 시 불이익을 받는다.

대포통장 모집 광고 주요사례

– 특정 법인의 직원을 사칭, 세금감면을 위해 통장이 필요하다면서 양도
  하면 돈을 지급하겠다는 메시지를 불특정 다수에게 발송한 사례.

– 면접을 보러 온 아르바이트 지원자들에게 이미 채용마감되었다고 거짓
  말을 하고, 다른 알바를 소개한다면서 통장 임대를 권유하는 사례.

– 면접을 보러 온 취업준비생에게 면접비용을 지급한다며 비밀번호 등까
  지 요구하는 사례

'그놈 목소리'를 홍보하라

공전의 히트를 친 보이스피싱 관련 홍보 '그놈 목소리'는 우연히 유튜브를 보고 고안한 것이었다. 2015년 6월, 필자는 새벽에 운동하면서 우연히 유튜브에서 흘러나오는 모녀와 사기범 간의 대화를 듣게 되었다. 내용은 대충 이랬다.

사기범: 사모님, 왜 웃으세요?
여성: (깔깔깔) 오늘은 전화가 많이 오네요. 좀 전에 중앙지검 '이 검사'라는 분에게서도 전화가 왔거든요.

보기엔 단순한 멘트다. 이 멘트는 보이스피싱 사기 피해를 막아야 한다는 생각에 골몰해 있던 내게 벼락처럼 내리꽂히는 말이었다. '아! 바로 이거다!' 하고 무릎을 탁 쳤다. 이렇게 재미있는 방식으로 홍보하면 많은 사람들이 들을 것이고, 피해도 더 줄일 수 있다고 직감한 것이다. 그날 출근하자마자 대책회의를 통해 '그놈 목소리' 도입을 검토하라고 직원들에게 제안했다. 물론 일부 직원들은 개인정보법 위반에 대한 우려를 표명하기도 했다. 하지만 필자는 개의치 않았다. "현행 사기범의 목소리까지 보호해야 한다?",

"사기범이 왜 내 목소리 공개했느냐고 우릴 고발할 수 있을까?" 등의 이유를 대며 이러한 홍보방식을 고집했다.

필자는 곧바로 독특하고 재미있는 '그놈 목소리' 파일을 만들어서 공개를 시작했다. '그놈 목소리'의 다양한 변주도 있었다. 우선 3개 방송사에 '그놈 목소리'로 공개했다. 역시 대박이었다. 두 번째로 여성 사기범의 목소리만 모아서 만든 '그녀 목소리', 세 번째로 사기범을 훈계하는 분들의 사례를 모아서 '그분 목소리', 마지막으로 목소리 파일을 분석하여 사기범들이 가장 많이 사용하는 용어(범죄연루, 경찰청, 금감원 등)를 분석하여 공개하는 것까지 4차례에 걸쳐 홍보했다. 3개월 동안 집중적으로 홍보한 후 갤럽을 통해서 "혹시 그놈 목소리를 아십니까?"라는 설문조사를 실시했는데 무려 44%가 안다고 응답하는 성과를 거두었다. 이는 사채피해를 결정적으로 예방하는 데 엄청난 기여를 한 것은 분명하다. 2014년 연 2천억 원대에 달하던 피해규모가 1천 3백억 원대로 줄어들었으니 말이다. 지금은 다시 연간 6천억 원대로 증가했다지만.

보이스피싱을 낚기 위해 통신사와 손잡다 - 진입로를 차단하라

보이스피싱은 사기범죄다. 이러한 범죄는 수사당국의 힘만으로 예방될 수 있는 게 아니다. 정부부처 간의 진정한 협업도 중요하지만 민간기업과의 협업도 매우 필요한 부분이다. 2015년 11월 보이스피싱 범죄는 중국에 본거지를 두고 국내로 전화하여 사기를 치는 방식임에 착안하여 대형 3개 통신사에 협조를 요청했다.

그 당시 3개 통신사 중 유일하게 적극적으로 협조를 하기로 한 것이 S통신사였다. 지금도 사회적 가치 창출을 위해 적극적으로 도움을 준 그 회사에 고마움이 크다. 금감원과 S통신사가 함께 시행한 캠페인은 국민이 보이스피싱 사기 전화를 받는 것을 사전에 차단하기 위해 보이스피싱 이용번호에 대해 '주의가 필요한 전화'임을 화면과 음성을 통해 안내하는 것이 골자였다. 또한 국제전화에 대해서는 '국제전화입니다'라는 화면 표시 문구와 음성 안내를 통해 해외 번호 발신 보이스피싱 전화를 차단하기도 했다. 해당 통신사 스마트폰 애플리케이션에 녹음한 보이스피싱 사기범 목소리를 공개하기도 했다.

S통신사는 우수 녹음파일을 제공한 고객에게 다양한 포상도 실시했다. 민관이 협업하고 국민이 참여하는 보이스피싱 범죄 예방 활동이었다는 점에서 아직도 크게 자부심을 느끼고 있다. 보이스피싱 차단의 성과로 2016년 2월 29일 영광스럽게도 국민훈장 목련장을 서훈받게 되는 영광을 얻었다.

만두, 햄버거 그리고 서민금융

만두소에 불량 무말랭이가 들어갔다는 보도로 인해 만두업계 전체가 심각한 피해를 입은 바 있다. 일부 만두업체의 비양심이 모든 만두를 혐오하게 만들었다. 한 만두 제조업체 사장을 자살로 내몰기까지 했다. 특급호텔 중식당 만두에서 길거리 만두까지 모든 만두가 도매금으로 불량으로 내몰렸다.

근데 햄버거는 다르다. 곰팡이 토마토와 설익은 패티 사진이 보도되었어도 햄버거가 아니라 제조업체에 대한 비난에 초점이 맞춰진다. 불매운동도 햄버거가 아니라 그 제조업체에 대한 것이다. 전수조사도 햄버거가 아니라 제조업체 전체 매장에 대해서다. 만두와 햄버거를 대하는 태도가 다른 것이다. 일반 서민들이 자주 먹는 음식인 만두와 어쩌다 먹는 햄버거의 차이에서 차별적 반응을 보이는 것일 게다.

금융을 대하는 태도 또한 만두와 햄버거와 같은 차별성이 존재한다. 은행이 DLS와 같은 위험성이 큰 상품을 판매해 거액의 원금을 날리는 손해를 끼쳤어도 은행 전체를 매도하지는 않는다. A은행, B은행으로 특정해 비난을 하고 만다. 은행업 전체에 대한 이미지 혐오까지 가지 않는다.

그러나 제도권 금융회사 중 서민들이 이용하는 저축은행의 경우 몇몇 저축은행의 비리나 부실은 전체 저축은행에 대한 부정적 시각을 낳는다. 새마을금고나 신용협동조합 등 상호금융의 경우도 마찬가지다. 제도화된 지 20년 가까이 되는 대부업의 경우는 더 심하다. 대형업체는 여타 금융권과 마찬가지로 금융위 등 중앙부처에서 관리하고 있지만 아직도 불법 사금융과 구별해서 인식하지 않고 싸잡아 매도당한다. 이럴 거면 뭐하러 제도화했냐는 볼멘 소리가 나오는 이유다. 소액 급전을 빠르게 융통할 수 있는 대부업의 긍정적 역할은 외면하면서도 연 24%의 최고금리가 높다는 비판에는 열을 올린다. 조달금리와 부실율을 고려하면 손익분기점을 맞추기 어렵다는 업계의 목소리를 대변하는 곳은 없다. 최고금리를 맞추기 위해 회사채 공모와 같은 자금조달 방법을 열어달라는 대형 대부업체들의 건의에는 귀를 막고 이익이 나지 않으면 업을 접으라는 조소를 날리기에 바쁘다.

현재 대부업체의 대출승인율은 10% 미만이다. 열에 아홉은 대부업체에서조차 대출받을 수 없는 실정이다. 대부업체에서 외면당해 불법 사채에 내몰리는 수가 한 해에 50만 명이 넘는다. 고금리 해소를 위해 최고이자율을 낮추어 가면서 역설적이게도 살인적 고금리로 내모는 결과를 초래하고 있다.

97년 외환위기 때 은행을 정리하면서는 국민의 혈세인 공적자금을 투입했지만 2011년 부실저축은행 정리를 위해 투입된 자금은 "저축은행 특별계정"이라는 형태로 업계가 분담해서 부담하고 있다. 이 부담은 궁극적으로는 서민금융 이용자들에게 전가될 수밖에 없다. 신용도가 낮아 부실확률이 높은 서민이기에 은행을 이용하는 고객보다 더 높은 이자율을 부담하는 것만으로도 서러운데 더 높은 보험료까지 서민들에게 부담을 지워야 하는 것일까? 씁쓸한 생각이 든다.

서민의 금융수요를 충족시키기 위해 제도화된 다양한 금융업체들이 제 역할을 하도록 해주기 위해서는 최소한의 이익을 확보할 수 있도록 해야 한다. 외환위기 이후 은행들에게 내줬던 여신금지 업종인 사치향락업에 대한 대출시장을 서민금융회사들에게 돌려주어야 한다. 골목상권에 대형마트가 들어오도록 마구 풀어주어서는 공정한 경쟁이 가능하지 않듯이 말이다. 과거 잘못으로 인해 서민금융업체가 일괄 매도되어 모두가 만두 대접을 받진 않아야 한다. 최소한 햄버거 정도로는 취급해 줘야 한다.

아울러 정부당국에 등록된 대형 대부업체들에게라도 자금조달

방법 완화, 건전성분류를 통한 손비인정, 금융이용자 보호를 위한 명칭 차별화 등을 제공하는 것이 시급히 해결해야 할 과제라고 생각한다. 서민의 급전수요를 충족시키는 최후의 보루 역할을 하는 대부업을 위한 변호도 필요하다. 그러나 아무도 나서지 않는다. 모두 표와 인기 잡기에 몰두하고만 있다. 2001년부터 불법사채 양성화를 주도했던 필자로서는 안타까울 뿐이다.

금감원 검사는 만능이 아니다

금융감독원 직원의 경우 금융계의 검사로 불린다. 은행, 증권, 보험사 등 금융 업무와 관련하여 규정위반, 비리 등을 적발하는 것이 주 업무이기 때문일 것이다. 대부분 일반 국민들은 검찰청의 검사나 금융감독원 검사를 만능으로 생각하는 경향이 있다. 그러다 보니 "금감원의 검사 시 부실규모는 5백억 원인데, 왜 예금보험 공사의 부실규모는 5천억 원인가? 금감원 검사가 부실한 것 아닌가?"라는 비난을 듣곤 한다. 하지만 사실 금융감독원 검사는 만능이 아니다. 만능이 될 수 없는 구조다.

적절한 비유일지는 몰라도 설명하자면 이렇다. 금융사가 살아 움직일 때 실시하는 금융감독원의 검사는 저수지에서 낚시하는 것과 같다. 예금보험공사의 금융사 영업정지 후에 나타난 부실규모는 저수지의 물을 다 빼고 나서 고기를 줍는 것과 같다. 이처럼 서로 검사하는 영역과 단계가 미묘하게 다르다. 물론 금융감독원과 예금보험공사가 정기적인 만남과 교류, 공동검사를 통해 효율성을 높이고는 있지만 기본적으로 서로 맡은 영역과 역할이 다르다.

전문가들의 협조를 이끌어내라

2011년 1월, 저축은행사태로 온 나라가 시끄러웠다. 많은 언론매체는 감독정책, 검사부실의 책임을 물어야 한다는 목소리도 거셌다. 예금을 찾지 못하는 예금자들은 피눈물을 흘렸다. 2011년 6월, 저축은행 구조조정 문제로 금융감독원에서는 매일 대책회의를 열었다. 당시에 가장 큰 고민거리는 '각종 보고서가 허위인 상황에서 부실저축은행을 어떻게 찾아낼 것인가?'였다. 한정된 인력과 예산으로 신속하게 구조조정을 마치는 방법을 찾기는 쉽지 않았다. 일각에서는 그동안 제출된 각종 보고서를 갖고 스트레스 테스트Stress Test 방식을 통해서 검사 대상을 선정하자는 의견 등 다양한 방안이 제시되었다.

4월에 검사국장으로 발령받은 필자는 당시의 보고서를 신뢰할수 없다는 이유로 모든 저축은행에 대한 검사실시를 제안했다. 한정된 인력문제 등으로 반대의견도 만만치 않았지만 과감하게 검사역 338명의 확보방안을 마련했다. 당시 해당 저축은행을 감사하는 회계법인의 회계사들에게 "과거 회계감사시스템 문제로 발생한 과거의 부실회계감사 책임은 묻지 않겠다"고 설득하여 100명을 참여시키고, 영업정지 후 사후 수습을 담당해야 할 예금보험공사를 설득하여 60명의 참여를 이끌어내 검사반을 편성함으로써 33개 저축은행의 구조조정을 성공리에 마무리하게 되었다.

2015년 1월에 발발된 3개 카드사 신용카드 정보유출사태 시에도 마찬가지였다. 금융정보 보안원 등의 보안전문가를 현장에 참여토록 유도하여 정보 유출경로 등을 신속하게 파악해 냄으로써 3개월 만에 사태를 마무리하게 되었다. 혼자 하기 어려우면 주변에 도움을 청하라. 국내외 전문가의 협조를 구하는 지혜는 문제해결의 원동력이 된다. 즉 벤치마킹, 협업이 정책성공의 지름길이다.

"금가루만큼 눈을 멀게 만드는 먼지가 없다."
- 블레싱턴 백작부인 -

PART 3

고수익, 저금리의 달콤한 유혹

고수익·원금 보장,
세상에 공짜는 없다

자신들을 미국의 가상화폐 전문 투자업체로 소개한 ○○캐피탈. 자신들의 회사에 투자를 하면 그 돈으로 비트코인을 사 매달 9~18% 수준의 배당금과 함께 10개월 뒤 원금을 보장하겠다며 투자 설명회를 열었다. 이 업체는 전국 각지에 모집책을 두고 이와 같은 다단계 방식으로 투자자들을 끌어모았다.

해당 회사에 6천만 원을 투자한 40대 여성 방 씨. 업체 직원들은 방 씨에게 이 투자로 차와 집을 샀다고 자랑하며 투자를 권유했다고 한다. 그 말을 듣고 방 씨는 투자했다. 하지만 투자가 끝난 지금, 업체와 연락도 안 된다고 그녀는 호소했다. 2천 8백만 원을 투자한 70대 C씨는 현금을 바로 건네서 현재 피해입증도 어려운 상황이라 피가 마르는 심정으로 찾아다닌다고 했다. 피해자 중에서는 고통을 호소하다 뇌출혈로 쓰러진 경우도 있었다. 또 다른 피해자는 암 투병 중에 사망하기도 했다. 이 회사로 인한 피해자들이 2백여 명에 달하고 피해액도 수백억 원에 달해 경찰이 쫓고 있었다. 하지만 검거에 시간이 걸릴 수밖에 없었고 피해자들은 가슴앓이만 하는 형편이었다.

💲 세상에 공짜는 없다

재산은 불리는 것보다 지키는 것이 더 중요하다. 가상화폐의 열풍을 틈타서 고수익을 보장한다는 유혹에 넘어가 알토란 같은 쌈짓돈을 사기당한 사례가 심심찮게 들려왔다. 서민들이 돈을 빌리기 어렵다 보니 '초저금리대출, 저금리대출전환'이란 유혹에 넘어가 예상치 못한 피해를 보는 경우가 많다. 악성코드가 심어진 문자 메시지 하나를 잘못 클릭하여 자신의 전화를 가로채기 당하는 일까지 생기기도 한다. 이런 식으로 세상에 불신이 싹트고 있어 안타까운 일이다.

최근 몇 년간 저금리체제가 지속되면서 고수익보장의 유혹에 쉽게 빠져 소중한 돈을 잃어버린 사람들이 많다. 피해자를 매도하거나 비난할 생각은 없다. 그런 전형적인 사기꾼의 말은 언제나 믿지 않고는 못 배길 정도로 번지르르하니까. 하지만 이런 수법을 미리 알았더라면 막을 수 있었을 것이라는 안타까움이 드는 것은 어쩔 수 없다. 그래서 유사수신행위 등에 대해 조금이나마 정보를 주고자 정리해 보았다.

💲 유사수신업체의 함정

투자설명회 개최, 고수익 보장, 합법적인 금융업체 등을 내세우며 다수를 대상으로 하는 유사수신업체들의 투자 사기가 최근 또다시 증가하고 있다. 수익이라는 이야기에 현혹되어서 덜컥 미끼를 물었다가는 낭패를 보기 십상인데 유사수신업체 투자의 함정에 대해 두루 살펴보면 적어도 예방을 할 수 있을 것이다.

먼저 유사수신업체의 정의부터 보자. 유사수신업체는 정부로부터 인가, 허가를 받거나 정부에 등록, 신고 등을 하지 않고 불특정 다수인으로부터 원금 또는 그 이상의 수익을 보장한다면서 돈을 받는 업체를 가리킨다. 유사수신업체에 의한 피해는 대도시 지역에서 많이 발생하는데 2018년에 금융감독원에 신고된 업체를 보면 수도권(서울, 인천, 경기) 102건(73.4%) 및 광역시(대전, 대구, 부산, 울산, 광주) 21건(15.1%)이 전체 수사의뢰건(139건)의 88.5%를 차지했다. 특히, 서울에서는 강남구(35개, 44.3%), 영등포구(16개, 20.3%) 비중이 전체의 64.6%를 차지했다. 역시 사기범들도 돈이 많이 모이는 부자 동네를 좋아하는 모양이다.

유사수신업체의 단골멘트는 다음과 같다. "받은 돈보다 더 많은 돈을 지급하겠다." "사채 등을 발행하면서 추후에 더 비싸게 재매입해 주겠다." "손실이 발생해도 원금 등을 보장한다." "회비 등의 명목으로 돈을 내야 한다." 유사수신업체는 합법적 금융업체나 정상적인 금융상품을 가장하고, 선물, 옵션, 가상통화로 수익을 벌고 있다고 선전하며, 온라인 광고회사나 검증이 어려운 외국계열 회사를 가장하는 경우가 많다.

한 예를 들어보자. "해외 부동산과 카지노 사업에 투자하면 원금을 보장하고, 연 12%의 이자를 지급하겠다." 또는 "자신들의 회사에 투자를 하면 그 돈으로 비트코인을 사 매달 9~18% 수준의 배당금과 함께 10개월 뒤 원금을 보장하겠다."며 투자 설명회를 연 일당들이 있었다. 그들은 가상화폐 사기 업체들이었다. 그들은 퇴직금을 받은 장년층이나 IT기술에 어두운 노년층을 타깃으로 삼아 고수익을 보장한다며 사기를 쳤다. 그로 인해 꽤 많은 피해자들이 발생했다.

💲 유사수신업체 투자사기 피해 방지법

일단 고수익 보장은 의심, 고수익에는 고위험이 따르기 마련이다. 은행이나 저축은행의 예·적금 금리수준을 훨씬 초과하는 고수익과 원금을 보장해 주겠다고 하면 업체규모나 영위 업종에 상관없이 일단 금융사기를 의심해 봐야 한다. 지인이 권유했다고 무조건 믿지 말고 투자를 권유하는 업체가 제도권 금융회사인지 확인할 필요가 있다. 고수익 보장을 미끼로 투자자와 자금을 모집하는 금융사기꾼들은 정부의 인·허가를 받지 않은 유사수신업체일 가능성이 높다. 이들은 합법적인 금융업체인 것처럼 홈페이지를 개설하거나, 사무실을 차려놓고 그럴듯한 광고를 하는 경우도 있다. 실체가 불분명한 업체로부터 투자권유를 받을 경우 금융감독원 홈페이지 '파인'에서 제도권 금융회사인지 여부를 먼저 확인해야 한다.

가상화폐 사기를 피하려면 단순투자대행, ICO(Initial Coin Offerings, 가상화폐공개)투자 권유, 입출금에 제한된 거래소, FX마진거래, 파생금융상품 등으로 제안을 포장하거나 손실 없는 고수익, 복잡한 수익구조 등을 내세워 투자를 강요하면 투자를 하지 않는 게 바람직하다. 유사수신이 의심되거나 피해당했다면 즉시 경찰청 112나 금감원 1332로 신고해야 한다.

사업성이 없는데도 고수익 원금보장을 약속하며 투자금을 유치하여 피해가 발생한 경우 이는 사기죄에 해당된다. 사업투자에 신중한 태도를 보여 주저하던 사람들도 원금보장이라는 말에 속는 경우가 많다.

이제는 상식이 되어버린 "공짜 점심은 없다"는 격언을 꼭 마음에 새겨야 한다. 이익률이 비정상적으로 높은 아이템을 권유받은 경우에는 항상 상대방에게 이렇게 말할 이성이 남아있어야 한다. "그렇게 좋은 거면 당신이나 많이 하세요!"

⑤ 낀 세대 50대, 어디로 가야 좋을까

샌드위치 세대라면 떠올리는 나이대가 바로 4, 50대일 것이다. 문화감수성이 지금의 2, 30대와는 확연히 다르다. 그들은 스스로 아래 세대와 6, 70대 같은 윗세대와의 징검다리임을 자인한다. 특히 50대는 40대보다 더 안정감을 가진 세대다. 물론 다는 아니지만 실제 통계상으로도 이는 증명된다. 가구소득이 가장 높은 연령대가 바로 50대. 회사나 사업이 정점에 다다르면서 소득이 높게 따라가는 모습을 보인다. 자산도 가장 많은 세대다. 이것은 50대가 가진 '빛'의 모습이다. 그렇다면 50대의 '그림자' 현실은 무엇일까?

겉모습과는 확연히 다르다. 알차 보이나 실상 속은 빈 강정이다. 근로소득은 40대보다 적고, 가구 지출과 부채가 40대 못지않게 높다. 돈이 가장 많이 필요한 때는 50대. 누구나 공감하는 바일 것이다. 자녀 학비에다 결혼 비용이 뭉칫돈으로 들어간다. 그런데 인생은 꼭 원치 않는 변곡점을 맞이하기 마련이다. 주로 55세 무렵에 직장에서 은퇴한다. 명예퇴직이나 임금피크제 시행 등으로 소득이 줄거나 실직 등의 사유로 소득이 급감한다. 50대가 한국 사회의 주력이 되었지만 마냥 박수만 칠 수 없는 현실을 등에 업고 있다. 게다가 이른 은퇴의 압력은 얼마나 받는가.

인구의 약 14%가 노인이다. 그만큼 초고령사회란 소리다. 5060세대들은 과연 노후를 얼마나 잘 준비하고 있을까. 5060세대가 젊은 세대보다 가족에 대한 관심이 크고 넓다. 부모 부양과 자녀 돌봄을 동시에 하고 있어 경제적 고민이 큰 연령대도 50대다. 그뿐이랴, 퇴직 압박이 들어오는 때도 보통 50대 초반, 빠르게는 40대 후반이다. 자식들은 커 가고 한창 일해야 할 나이에 명예퇴직, 희망퇴직 등으로 내몰리면서 사실상 생계마저 걱정해야 할 판국이다.

우리나라의 가장은 고달프기 그지없다. 우리나라에서는 애초에 자산을 웬만큼 물려받지 않았다면 수험생이나 대학생 자녀를 양육하면서 에듀푸어Education Poor가 되는 것쯤은 일도 아니다. 다 큰 자녀라고 돈이 안 들어가는 것도 아니다. 늦게 취업하는 만큼 준비가 미흡한 자녀들도 있다. 자녀들의 결혼 자금, 손자녀 육아까지 위아래로 감당해야 한다. 돌봐야 할 사람이 자식뿐인가. 부모님은 또 어떤가. 툭하면 병원비에 간병비, 요양비가 들어간다. 친지 경조사비도 무서워지는 나이가 바로 50대다. 체면치레 하느라 물색없이 축의금을 내는 달이면 홀쭉해진 지갑으로 겨우 견뎌야 한다. 50대 중반에 주된 직장에서 밀려난 뒤 제2의 일자리를 잡아도 소득이 절반으로 떨어진다. 이런 50대 숫자가 계속 늘어날 텐데 국가적으로 제대로 대처하지 않으면 10년 후 노후파산으로 이어질 수 있다. 이는 국가와 미래세대 부담으로 부메랑이 되어 날아온다.

50대 이후의 돈 문제를 걱정하지 않으려면 그 이전 시기에 충분히 대비하고 있어야 한다. 소득 이상의 과한 자녀 교육이나 자녀 결혼식은 다시 고려해야 한다. 부모의 간병은 어쩔 수 없다고 해도 나 자신이 아플 때를 대비한 적정수준의 보험에 가입하거나 개인연금 등을 통해 노후에 대비해야 한다.

특히 40대 중반 이후의 대출 관리는 필수다. 돈이 급하다고 불법사채 등에 손을 대서 금융건전성에서 삐끗하고 빨간 불이 들어오는 선택을 하면 다시 돌아올 수 없는 강을 건너는 꼴과 같다. 직장을 잃고 달라진 생활을 만회하기 위해 잘 모르는 자영업을 시작하는 것도 위험하다. 과거의 번듯한 직장생활에 대한 기억은 하루빨리 뇌리에서 지우자. 그리고 높은 위험성투자보다는 투자자본이 적게 드는 중개업 등을 찾아보자. 브로커라는 이미지가 있기는 하지만 불법이 아니라면 안정을 추구하는 일을 찾는 것이 지혜로운 대응이 아닐까 싶다.

💲 660만 자영업자 울리는 일수대출

메르스 사태 때 자영업자들이 참 많이 힘들었다는 기사를 본 적

있었다. 사람들이 당최 외출이란 걸 하질 않으니 자영업자들은 당시에 직격탄을 고스란히 맞을 수밖에 없었던 것이다. 그때 대출로 생계비를 해결하다가 여태껏 빚을 해결하지 못하고 개인회생 신청한 분들이 여전히 많다. 이자만 갚다가 평생 원금 못 갚는다는 걸 깨닫고 그래도 재빠르게 '빚의 정상화'를 꾀한 그들은 현명한 사람이 아닐 수 없다.

경기를 타는 자영업은 국제 정세, 예기치 않은 감염병 창궐 등 다양한 이유로 부침을 겪는 일이 많다. 그때 맛본 실패와 절망은 그 분야의 사업자들을 강타했었다. 대기업이야 그간 비축한 현금이 엄청나서 버틸 체력이 있었다. 하지만 영세업자들은 두세 달 매출이 고꾸라지면 전혀 답이 없었다.

자영업자의 몰락은 중산층 비중의 감소로 이어진다. 중산층이 줄면 소비도 빠르게 쪼그라들 수밖에 없다. 이미 우리나라는 중산층 비중이 사상 처음으로 60% 밑으로 떨어지기도 했었다. 반면 빈곤층으로 분류되는 중위소득 50% 미만 가구의 비중도 계속 늘어나고 있다. 고령화로 인해 무직 가구가 늘어나고, 소득 수준이 상대적으로 낮은 1인 가구 비중이 늘어난 게 원인일 수도 있지만 자영업자의 몰락을 결정타로 보는 의견이 많다.

중산층의 비중이 떨어진다는 것은 우리 사회에 어떤 식으로 작용할까? 그냥 인체에 대고 비유하자면 인간에게서 '허리'가 사라지는 것과 진배없다. 우리 사회, 경제, 동력을 떠받드는 중심축이 무너지는 것이다. 빈곤층이 커지면서 전반적으로 소비 여력이 줄고, 성장 활력이 둔화되면서 내수의 성장 여력이 급격하게 떨어질 수밖에 없다. 이는 국가의 경제를 붕괴시킬 수 있는 굉장히 위험한 도미노 붕괴의 시초가 될 수 있다.

조기 퇴직과 100세시대가 맞물리면서 대다수 한국인의 직업적 탈출구 역할을 해온 660만 명의 자영업자가 무너지면 우리 경제 생태계는 교란될 것이다. 그 위기가 다소 과장되었다고 하더라도 서민들의 삶의 기반을 잘 지켜줄 의무는 당국과 정책입안자들의 몫이라고 생각한다. 단순히 최저임금 정책의 변화와 같이 어느 일면에만 해결책을 맞추지 말고 다각적이고도 총체적인 해법을 어서 빨리 모색해야 한다.

한편, 자영업자들이 접지도 못하고 울며 겨자먹기로 버티는 틈을 타서 불법 일수업자들이 전단지를 날리며 유혹하고 있다. 절대 이들에게 빠지지 않도록 신속하게 현명한 판단을 해야 한다. 일수 대출은 대부분 현행법상의 최고이자율 연 24%를 넘고 있는 실정이다. 장사밑천이 아니라 생계비를 위한 일수는 금물이다. 가랑비에 옷 젖는다는 말이 있지 않은가?

초저금리대출,
저금리대출전환이란 유혹

군 제대 후 식당에서 일하던 27세의 나 씨. 언젠간 자신만의 가게를 차리겠다는 생각에 식당에 들어갔지만 수입이 너무 적었다. 생활고로 대부업체에서 대출을 받은 탓에 매달 70만 원의 이자를 갚느라 지칠 대로 지쳤을 때였다. 그때 전화 한 통을 받았다. 수화기 너머의 상대는 자신을 ○○저축은행 '대환대출' 담당자라고 소개하며 "저리 대출로 갈아타라"고 권유했다. 이어서 그는 "단, 현재 통장 거래 금액이 너무 적어 대출한도가 나오지 않는데 내가 소개해 주는 업체에 연락하면 부족한 통장 거래 내역을 만들어줄 것"이라고 말했다. 나 씨는 그가 소개해준 '솔루션'이란 업체에 체크카드와 비밀번호 등을 맡겼다. 하지만 돈이 들어오기로 한 날, 해당 업체들은 더 이상 연락이 닿지 않았다. 경찰서에 달려간 나 씨는 계좌가 금융사기에 연루됐다며 "피의자가 될 수 있다"는 말을 듣고 좌절했다.

💲 대출사기 대처법

대출사기 유형에는 서민들이 돈 빌리기 어려운 점을 악용하여 저금리대출이라고 속이거나, 신용등급을 상향해야 한다며 송금을 요구하는 행위, 신용등급이 낮다며 보증료 입금을 요구하는 행위, 마이너스 대출을 받기 위해 입출금 거래내역을 알아야 한다며 통장사본과 체크카드를 요구하는 등 다양한 수법이 있다.

이런 대출사기에 대처하기 위해서는 첫째로 통장 비밀번호를 절대 알려주지 말아야 하며, 둘째로 대출사기에 연루되었을 경우 즉

시 경찰 또는 은행 콜센터에 송금계좌에 대한 지급정지를 요청해야 하고, 셋째로 대출사기 사건이 발생한 날로부터 3일 내 사건사고 사실 확인원을 금융감독원에 제출^(전화 1332)해서 피해구제를 요청해야 한다.

💲 합법적인 저금리대환대출의 방향과 선택의 중요성

사실 정답을 찾기가 어려운 것 중 하나가 저금리대환대출의 올바른 길을 찾는 것이다. 아마도 책임감을 느끼는 상담사라면 이런 필자의 마음을 이해할 수 있을 것이다. 무조건 성사가 아니라 최선의 길을 찾아줘야 한다. 또한 그에 따른 나의 책임도 있으므로 상당히 신중하게 결정하고 접근해야 한다.

우선 개인의 자격조건 즉 제반 요건에 따라 그 해답이 다를 수 있으니 많은 고민이 필요하다. 아직도 금융사와 금융이용자 간의 정보비대칭으로 인해 더 낮은 금리를 사용할 수 있음에도 고금리를 이용하는 분들이 많은 실정이다. 그리고 어떤 모집인들은 자신들의 수수료 수입을 늘리기 위해 빚을 더 많이 지도록 유도하는 경우도 있다. 최근 '통대환대출'이란 이름하에 기존 3군데의 빚을 1군데로 통합해주면서 채무액을 더 늘리는 경우도 많은데 아무리 낮은 금리라 하더라도 가급적 빚을 늘리는 것을 권해서는 안 된다. 양심적인 대출중개, 금융사와 채무자가 윈윈하는 대환대출 안내가 필요하다.

돈, 아무에게나 빌리다간
큰코다친다

사정이 생겨 인터넷으로 대출을 알아보던 30대 여성 민 씨. 그녀는 인터넷에서 '대출나라'라는 업체를 알게 되어 그곳에 문의전화를 했다. 대출을 요구하는 그녀의 말에 수화기 너머 업체 직원은 직접 면담을 한 후에 필요한 자금을 주겠다고 말했다.

커피숍에서 만난 대출업자와 대출상담을 했다. 막상 얼굴을 맞댄 대출업자는 "처음부터 어떻게 큰돈을 믿고 주냐"고 말했다. 그러더니 업자는 첫 거래에서 30만 원을 빌려줄 테니 일주일 후 50만 원을 잘 갚으면 추가로 필요한 돈을 빌려 주겠다고 했다. 민 씨는 급한 마음에 아무 생각 없이 30만 원을 대출받았다. 일주일이 지난 후 민 씨는 50만 원을 갚았다. 하지만 대출업자는 입금시간이 몇 시간 지연됐으니 첫 번째처럼 30만 원밖에 대출해 줄 수 없다고 말했다. 민 씨는 고민 끝에 다시 30만 원 대출 후 사정이 힘들어져서 원금은 못 갚고 매주 20만 원씩 이자만 냈다. 연체가 되거나 당일 돈을 입금하지 않으면 대출업자가 수없이 독촉전화를 했다. 민씨는 1주일에 20만 원의 이자를 돌려막기 위해 무려 26곳으로부터 사채를 쓰고 있으며 수시로 전화번호를 변경하고 집에도 들어가지 못하고 찜질방 생활을 하고 있다. 하루하루가 괴롭기 그지없었다.

💲 돈, 아무에게나 빌리다간 큰코다친다

인터넷 검색을 하면 돈을 편하고 빠르게 빌려준다는 광고가 넘쳐난다. 하지만 대부분은 허위, 과장광고이다. 심지어는 언론사 기사 옆에 누구나 최대 1억 원까지 정부보증으로 빌려준다는 가짜 기사까지 판을 치고 있다. 돈이 급한 사람들의 급박한 심리를 이용하여 개인정보까지 입력토록 해서 팔아먹는 것이다. 우려스러운 것은 그 정보가 다른 불법 대출중개업자는 물론 보이스피싱 업체들에게까지 넘어가고 있다는 사실이다.

허위과장광고로 인한 서민들의 피해가 너무 크다. 공정거래위, 방송통신위원회, 행정자치부, 금융위 등 정부기관 합동으로 홍수처럼 넘쳐나는 이들 광고에 대한 철저한 단속과 처벌 강화가 절대적으로 필요하다.

⑤ 돈이 필요하다면
믿을 수 있는 공공기관이 운영하는 '서민맞춤대출서비스'

가급적 돈을 빌리지 말아야겠지만 부득이하다면 공공기관인 서민금융진흥원에서 운영하는 '서민맞춤대출서비스'를 통해서 자신에게 맞는 대출을 안내받고, 상담하는 것이 최선이다.

맞춤대출서비스란 은행부터 서민금융회사까지 다양한 대출상품의 대출가능 한도와 금리를 한눈에 비교하여 고객이 직접 금융회사 및 대출상품을 선택할 수 있는 맞춤형 서비스다. 금융회사에 직접 방문하지 않아도 현재 59개 금융회사의 150여 개 이상의 서민금융제도 및 일반신용대출 상품을 비교·분석하여 추천해 주며, 본인에게 가장 유리한 대출상품을 신청할 수 있는 우리나라에서 가장 안전한 대출 중개 서비스다. 그때 함께 고생해준 현재 금융감독원의 김병기 국장, 페퍼저축은행 이현돈 이사, (주)에이엔알커뮤니

케이션 장동성 대표, 저축은행중앙회 조정연 부장 등에게 감사를
표하고 싶다.

이 서비스를 이용하면 어떤 점이 좋을까? 먼저 맞춤형 금융서비
스를 제공한다. 정책금융상품 및 금융회사의 일반신용대출을 한
번에 비교하여 나에게 가장 적합한 대출상품 확인이 가능하기에
불건전한 대출 영업행위의 피해를 받지 않고 내가 원하는 상품을
직접 선택할 수 있다. 한 번 방문으로 은행, 저축은행, 상호금융
등 59개의 여러 금융회사를 방문한 효과를 누릴 수 있다. 물론 신
용조회로 인한 불이익도 없다.

금융회사를 직접 방문하지 않아도 다양한 금융회사에서 다루
고 있는 새희망홀씨, 햇살론, 사잇돌 및 금융회사의 일반신용대출
등의 대출 가능여부를 PC·스마트폰을 통한 직접 신청, 전화상담
을 통한 맞춤상담으로 빠르게 확인할 수 있다. 전문적이고 상세한
상담도 받을 수 있는데 대출 상담을 비롯하여 복지, 금융교육, 신
용·부채관리 등 상세하게 종합상담을 받아볼 수도 있다. 여러 금
융사와 비교를 통해 대출이자가 더 낮아질 수도 있다. 신청자의 소
득과 신용도 등을 고려하여 가장 낮은 금리의 대출상품을 안내해
주기 때문이다. 일부 금융회사의 경우 맞춤대출서비스를 통해 대
출을 신청할 경우 금융회사를 직접 방문하는 것과 비교해서 추가
적인 금리인하 혜택을 제공하기도 한다. 또한 금융보안원의 ISMS
보안인증을 획득하여 금융이용자의 개인정보를 안전하게 보호해

주므로 믿고 이용할 수 있다.

이용방법은 서민금융진흥원 홈페이지에서 맞춤대출을 클릭하여 본인인증 절차를 거쳐 회원에 가입하면 된다.(전화안내는 국번 없이 1397)

$ 불법광고로부터 내 돈을 지키는 법

금융이용자는 필수 기재사항이 누락된 광고를 게시하는 등 무등록으로 의심되는 업체를 이용하지 말고, 등록번호 등이 기재된 업체에 대해서도 관할 시·도에 문의하여 정상 등록 여부를 확인하는 것이 중요하다. 투자위험 없이 상식 밖의 고수익을 얻는 것은 불가능하다. 뭔가 미심쩍고 꺼림칙하면 돈을 맡기기 전에 먼저 금융감독원의 '불법사금융피해신고센터(1332)'에 문의하는 것이 좋다.

유사수신업체 등에 투자해 피해를 입었다고 판단되면 즉시 금융감독원 또는 경찰청에 신고해야 한다. 금융감독원에서는 유사수신 등 불법금융으로 인한 사례를 신고할 경우 내용의 정확성, 피해규모, 수사기여도 등에 따라 신고포상금을 지급하는 '불법금융 파파라치' 신고·포상 제도를 운용하고 있다.

💲 불법대출 피해 막는 예방법칙 10계명

돈을 모으는 것 못지않게 모은 돈을 지키는 일도 중요하다. 자칫 잘못하면 미등록 대부업체에 돈을 빌렸다가 오히려 가진 재산을 다 빼앗기는 것은 물론 채무불이행자로 추락할 수 있으므로 주의 해야 한다. 이에 따라 금융감독원의 자료를 바탕으로 불법사금융 피해 예방법 10계명을 정리해 보았다.

1. 법정 최고이자율 연 24%를 초과하는 부분에 대한 이자계약은 무효임을 주장할 수 있다. 초과 지급된 이자는 원금 충당 또는 반환요구도 가능하다.

2. 긴급한 자금이 필요한 경우에도 무등록 대부업체가 아닌 인가나 등록된 제도권 금융회사를 이용하여 대출을 받아야 한다. 등록된 대부업체는 금융감독원 홈페이지 '파인'에서 등록대부업체 통합관리서비스를 활용하면 된다.

3. 대출 시 수수료 등의 명목으로 대부업자가 받는 것은 모두 이자로 간주되며, 선이자를 사전에 공제하는 경우에는 대출원금에서 제외된다.

4. "누구나 대출", "신용불량자 가능" 등 상식 수준을 벗어난 광고는 불법사금융 광고일 가능성이 크므로 유의해야 한다.

5. 어떠한 명목으로도 금전을 요구하는 것은 실제 대출이 이루어지지 않으며 금전만을 편취하는 사기일 가능성이 높으므로 절대 응하지 말아야 한다. 대출이 이루어지는 경우에도 수수료 등은 이자에 해당되므로 불법적 고금리에 해당될 가능성이 높다.

6. 대출 시 작성된 계약서 및 원리금 상환내역서 등 본인의 대출내역을 철저하게 관리해야 한다. 특히 원리금 상환내역을 입금증 등과 함께 잘 관리함으로써 향후 발생할지 모르는 분쟁에도 대비해야 한다.

7. 본인의 신용도 및 소득수준에 맞는 대출관련 사항을 우선 확인해 보자. 서민금융진흥원 맞춤대출서비스를 활용하면 본인의 신용도에 비추어 가장 유리한 대출상품을 안내받을 수가 있다.

8. 햇살론, 새희망홀씨 등 저금리의 서민금융상품을 알선해 준다는 미끼로 대출을 권유하는 수법에 주의해야 한다. 실제로는 고금리 대출을 받게 한 후, 향후 연락이 되지 않거나 여러 가지 사유를 들어 저금리대출 전환이 어려운 경우가 많다.

9. 은행 등 공신력 있는 제도권 금융회사임을 사칭하면서 신분증 등을 요구할 경우 이에 응하지 말아야 한다. 대출에 필요하다며 주민등록증 또는 사업자등록증 사본, 체크카드, 통장 등 관련 서류를 송부할 경우 고금리대출 또는 개인정보유출 등 피해 우려가 크다.

10. 불법사금융에 대해서는 대출계약서, 원리금 입금증, 녹취록 등 관련 증거를 확보하여 금감원(☎ 1332), 경찰서(☎ 112)에 적극 신고해야 한다.

사채는
SNS를 타고

모 학교 일진 출신인 오 군과 4명의 친구로 구성된 일당들이 있었다. 이들은 후배 학생들이 인터넷게임과 스포츠 토토, 인터넷물품 구매 등으로 급전이 필요하다는 것을 알게 되었다. SNS에 단기 급전 광고를 올린 이들은 조직적으로 거래 상대방인 학생들을 모집하고 정보를 공유했다. 후배들이 접근하면 친구를 다시 소개시켜 주며 거래 규모를 키웠다. 오 씨는 후배들에게 20만 원을 빌려주고 1주일 후 30만 원을 받는 등 학생 15명을 상대로 256만 원을 빌려주고 연이율 최고 4,563%의 이자를 받았다. 함께 돈을 빌려준 오 씨의 일당 중 한 명은 고교생 1명이 80만 원을 갚지 않자 나흘간 217차례에 걸쳐 가족 등에게 독촉 전화나 문자를 하는 등 추심행위를 하기도 했다. 견디다 못한 피해학생들이 부모에게 겨우 알리고 나서야 이들의 마수에서 벗어날 수 있었다.

💲 사채는 SNS를 타고

앞에서도 다뤘지만 공식적 등록 절차를 거치지 않은 업체들의 검증이 어려운 이유는 SNS 채널의 맹점 때문이다. 불법업체들은 SNS를 이용해 대출시장을 확장하고 있다. 제도권 금융이 대출심사를 강화하자 비제도권 사금융으로 저소득층·저신용자 등의 수요가 이동하는 또 다른 반작용이 아닌가 싶다.

SNS상에서는 무직자도 대출이 가능하다. 바로 '작업대출'을 통해서다. 대출 요건이 되지 않더라도 브로커가 허위로 재직증명원 등 대출서류를 조작해 금융사에 내고 대출을 받는 방법이다. 이는 엄연히 공문서 위조 범죄다. 브로커들은 대출액에서 수수료 명목으로 50%가량을 챙긴다.

⑤ 인터넷 공간에 숨은 신용 악귀

인터넷에선 무한한 정보들이 쏟아진다. 그 정보들 틈바구니에 공짜 정보, 공짜 서비스로 위장한 인터넷 사채업자들이 숨어있다. 난처한 입장에 빠진 이용자를 노려 구원의 손길을 가장하고 접근한다. 그들은 이용자의 주머니를 호시탐탐 노린다. 이들의 얘기는 제법 달콤하다. 뿌리칠 수 없게끔 '내 손을 잡지 않으면 머지않아 나락으로 떨어질 것'이라고 위협하기도 한다.

개인정보 보호에 무관심한 이들이 많다. 하지만 인터넷에 노출된 개인정보(이름, 주민등록번호 등)가 실제로 위조 주민등록증을 만드는 데 쓰일 수 있다. 범죄자나 신용 불량자들이 이름과 주민번호를 대량으로 사고팔기도 한다. 이렇게 만든 가짜신분증은 어디서든 통한다. 은행에서 대포통장을 만들 수 있고 대포폰(타인 이름으로 개통한 휴대전화) 개통도 가능하며 신용카드 발급도 어렵지 않다. 모두 본인 확인을 위해 신분증을 요구하지만 위조 신분증으로 어렵지 않게 상대를 속일 수 있다.

사채 등을 빌리거나 인터넷을 통해 사기를 치는 일도 많다. 자신의 정보를 남기지 않은 채 각종 웹사이트에 가입해 범죄를 저지르기도 하고 기존에 가입된 사이트를 알아낸 다음 암호를 알아낼 수도 있다. 하나의 암호로 여러 사이트를 이용하고 있다면 암호의 노출로 인한 피해가 커지므로 더욱 주의해야 한다.

💲 내 구제 대출, 정말 구제해 줄까?

'내 구제 대출'이라는 대출행태도 있다. '내 구제 대출'이란 '내가 나를 구제한다'는 뜻으로 자신이 가지고 있는 물건을 되팔아 현금화하거나 휴대전화 여러 대를 의뢰자 명의로 개통한 뒤 공기계를 되팔아 현금을 얻는 방법이다. 일명 휴대전화 깡이라고 말할 수 있다. 현재 인스타그램에서 '내 구제 대출'이나 '급전대출'로 검색하면 어마어마한 수의 광고 게시물이 차르륵 등장한다.

그런데 흥미로운 것은 이런 SNS 대출 게시물을 살펴보면 유독 이런 문구가 눈에 많이 띈다는 점이다. "통신비 미납, 신용카드 미납, 기존 대출 연체가 있을 경우 금액이 적거나 불가능할 수 있다" 어떤 의미일까? 바로 대출 요건 중 통신비와 신용카드를 중요하게 본다는 것이다. 금융경험이 상대적으로 부족한 청년층을 현혹, 정상적인 경제 구성원으로의 자립을 어렵게 하고 있는 셈이다. 미등록 대부업체들은 금융당국의 직접적인 통제를 받지 않아 법정 최고금리를 초과한 이자를 수취하는 등 불법영업이 빈번하다.

💲 외국인들도 당하는 SNS 사채

한국의 외국인 노동자들이 급하게 돈이 필요할 때 사실상 국내 금융권 이용이 어렵다는 점을 노려 외국인 사채가 SNS상에서 성행하고 있다.

외국인 등록증과 여권 사본을 보내면 일 년에 180%라는 폭리로 돈을 빌려준다. 마찬가지로 폭리에 이어 개인정보 유출로 인한 피해까지 발생하는 실정이다. 한국에서 4년 넘게 일한 한 캄보디아인은 페이스북 사채를 썼다. 이후 그가 출국할 때 받는 퇴직금인 출국만기보험 중 180만 원이 가압류된 사례도 있다.

💲 인터넷 악마의 유혹 뿌리치는 방법

인터넷은 소통과 정보공유의 장이지만 한편으로는 익명 뒤에 숨은 가짜 세상이기도 하다. 그런 이유에서 신종 사기범들의 은신처가 되기도 한다. 이런 공간 속에서 올바른 생활을 향유하기 위해서 조금 더 주의할 필요가 있다. 그렇다면 이러한 악마의 유혹으로부터 자신의 신용을 지킬 수 있는 방법에는 무엇이 있을까?

첫째, 인터넷 공간의 사람을 너무 믿지 마라.

요즘은 인터넷 카페, 트위터, 페이스북 등 현실보다 온라인에서 더 많은 사람을 만난다. 온라인에서 친구를 사귀고 게임을 즐기는 건 좋지만 계정 정보를 공유한다거나 하는 일은 위험하다. 페이스북 등 SNS 활용이 늘면서 지인뿐 아니라 불특정 다수에게 개인정보가 노출되는 경우가 느는 것도 문제다. 생일이나 휴대전화 번호부터 심지어 신용카드 번호까지 알려주기도 하는데 매우 위험한 일이다. 특히 온라인 게임 유저들의 개인정보 공유는 바보 같은 짓이다.

둘째, 호기심을 자극하는 정보에 침 흘리지 마라.

인터넷 속에는 유용한 정보뿐만 아니라 쓰레기도 수없이 많다. 유용한 정보를 찾아다니는 사람도 있겠지만 재미를 위해 정보를 찾거나 소프트웨어, 영화, 동영상 등을 받기 위해 인터넷을 헤매는 사람도 많다. 찾아다니는 건 좋지만 자칫 이런 행위는 위험할 수 있다.

셋째, 자극적인 검색어 속에는 위험이 많다.

인터넷 서핑을 할 때 유용한 정보를 찾아다는 사람도 많지만 실제로는 연예인 가십이나 인기 검색어 등 사람들이 많이 몰리는 정보들이 있다. 이런 가십과 검색어를 노출시켜 사람들을 유인하는 경우가 많다. 유혹적인(실상은 별로 쓸데없는) 키워드를 저도 모르게 클릭하는 순간 악성코드가 설치될 수도 있다.

넷째, 무심코 클릭하지 말자.

'무료로 아이폰을 드려요' '무료로 호텔 숙박권을 드려요' 등 인터넷에서 흔히 보는 배너를 클릭하고 개인정보를 입력하는 이들이 많다. 이런 것은 대부분 사기일 가능성이 높다. 실제로 선물을 준다고 해도 개인정보를 모으기 위한 것이므로 되도록 이런 배너의 이벤트에는 참여하지 말자. 세상에 공짜는 없다는 진리를 되새겨야 한다.

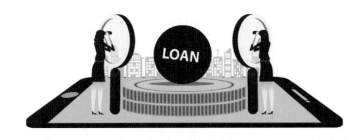

인생 시동 꺼버리는
중고차 불법사채

중고차 거래 사이트에 시세보다 싸게 올라온 매물을 보고 인천 서구 한 중고차 매매 사무실을 방문한 30대 회사원 백 씨. 중고차 딜러(매매업자)는 백 씨에게 백 씨가 찾는 매물은 없다고 말했다. 백 씨는 딜러의 말을 듣고 그에게 허위매물이냐고 따졌다. 그러자 딜러는 백 씨에게 다른 차 시승이라도 해볼 것을 권했다. 백 씨가 시승차에 올라타자 갑자기 딜러의 태도가 돌변했다. 딜러는 백 씨에게 차 안 살 거면 왜 탔느냐며 못 내린다고 말했다. 그러더니 그를 감금해 버렸다. 위협감을 느낀 백 씨가 내리려고 해도 딜러가 하차를 방해했다. 극도의 공포심을 느낀 백 씨는 3만 원의 수고비를 주고서야 겨우 차에서 내릴 수 있었다.

$ 미끼 매물을 덜컥 무는 사람들

중고차를 미끼로 한 고금리 대출은 실제로 성행하고 있다. 일부 악덕 중고차 매장에서는 월 4만 원 등 저렴한 가격을 빌미로 소비자를 꼬드겨 사금융에 손을 대도록 유혹하고 있다. 이들이 이용하는 것은 바로 미끼 매물이다. 인터넷을 통해 시세보다 싼 '허위 중고차 매물'을 미끼로 내세우기도 한다. 미끼 매물을 보고 찾아오는 구매자들을 상대로 강매가 시작된다. 차를 구매할 때까지 차량에 감금하거나, 고성을 지르며 공포 분위기를 조성하는 것이다. 피해자는 수고비로 그들에게 몇 십만 원을 쥐어 주고서야 겨우 빠져나올 수 있었다.

💲 그들의 공생관계

중고차 매매를 통해 불법적으로 돈을 벌려고 하는 업체에는 두 종류가 있다. 중고차 매매를 실제 업으로 하되 허위 매물과 연결해 마진을 남기는 곳이 있고 사채업이 주업이고 중고차 매매는 수단인 곳이 각각이다. 심지어 대부업자와 손을 잡고 서로 원원win-win하는 식의 사업을 펼치기도 한다.

그들은 목돈이 없는 사람들을 노리고 월 단위 상환금액을 제시한다. 마치 적은 돈을 내고 외제차를 탈 수 있다는 것처럼 꼬드기는 것이다. 그렇다면 이들이 사람들의 신뢰를 얻는 방식은 무엇일까. 거기에는 혀를 내두르게 만드는 고도의 전략이 녹아있다. 자동차를 차량등록사업소에 등록해 소유권을 이전하면서 대출 자금에 대한 동산 근저당 설정을 한다. 이렇게 되면 차주가 차량을 마음대로 처분할 수 없으며 채권자는 원금과 이자를 받다가 결국 원금 회수가 안 되면 차량을 돌려받으면 된다.

중고차 매장들은 제휴 캐피탈사나 대부업체와 연계해 대출을 중계한다. 이때 신용등급 조회를 통해 대출 한도를 확인하게 된다. 일부 중고차 매장은 신용불량, 개인회생 등 대규모 대출이 불가능한 소비자도 대출이 가능하다고 광고하고 있다. 이때 신용조회조차 필요하지 않은 사금융, 불법 사채를 알선하는 경우도 있다.

일단은 한도가 안 나오니 사채를 쓰고, 신용카드를 잘 사용해 신용등급을 올리면 금리가 낮은 금융권으로 대환대출을 해준다고 현혹하는 것이 이들의 수법이다. 하지만 신용등급이 8, 9등급인 사람이 상환 기간 내에 신용등급이 크게 오르거나 경제 상황이 나아지는 경우는 드물어 결국 사채의 빚더미에 빠지게 된다는 것이다.

등록 대부업체더라도 문제는 남는다. 한 대부업체에서 충분한 한도가 나오지 않을 때는 여러 곳의 대부업체에서 하루 만에 쪼개기 대출을 무더기로 받도록 유인한다. 쪼개기 대출을 받게 되면 대부업체의 업무 행태가 천차만별인 데다 빚이 분산돼 정확한 상환 파악이 힘들다. 결국 한곳에서 한도 내로 대출을 받는 것보다 몇 배의 품을 들여야 겨우 상환이 가능한 셈이다.

대출을 위한 대부업 신용조회 자체도 신용등급을 크게 떨어뜨린다. 중고차매장에는 신용조회 권한이 없어 결탁한 대부업체에 대리 신용등급 조회를 맡기고 있기 때문이다. 대부업 신용조회 시 신용 점수가 크게 떨어진다는 점을 악용하는 악덕업자들도 있다. 6~7등급의 중하등급 소비자가 찾아오면 대출 한도조회를 명목으로 단기간에 여러 곳에서 신용조회를 실시한다. 그런 이유로 신용등급이 크게 떨어진 이들에게 다시 고리 대출을 알선하는 것이다.

💲 단속하기 힘든 중고차매매 불법사채

중고차매매 불법사채는 '중고차매매'라는 1차 망을 거친 뒤에 성사된다. 그렇기 때문에 현장적발이 쉽지 않다. 여기에 음성적인 영업 형태가 피해 확산을 부추긴다. 그들은 홍보물부터 흔적이 남지 않는 SNS를 활용한다. 페이스북과 유튜브, 블로그 등 개인정보를 정확하게 입력하지 않아도 가입이 가능한 소셜 플랫폼에 광고물을 올려둔다. 그마저도 휴대폰 번호 외의 세부 정보가 모두 허위일 가능성이 높다.

불법 사채와 손잡은 중고차매매업체는 사무실 주소를 공개하지 않는다. 광고물에 기재된 휴대폰 번호를 통해 접선하면 중고차매매단지 인근에 약속을 잡고 카페나 자동차보험 판매대리점 등에서 계약을 성사시킨다. 이름도 가명으로, 직책도 두루뭉수리하게 갖다 붙인다.

💲 꾐에 빠지지 않으려면

시세보다 싸게 판매한다는 광고는 미끼 매물로 의심해야 한다. 계약 전 시세 가격을 확인하거나 전문가 조언을 들어보는 것도 좋다. 그리고 매장을 방문할 때는 혼자 가지 말고 가급적 일행과 함께 방문해야 한다. 계약내용도 스스로 잘 점검해야 한다. 현행 법정최고금리는 24%인데 대부업자가 24%를 주장하더라도 선수금, 중도상환 수수료를 요구하거나 이자를 원금에 편입시키는 방법으로 천 단위의 초고금리를 매기기도 하기 때문이다.

또한 금융포털 '파인'에서 대부업 등록 여부를 꼭 확인해야 한다. 대부업을 모두 불법 사채로 오인하는 일이 많지만, 대부업도 등록 형태로 관리 받고 있다. 대부업체는 관할 지방자치단체에 등록 신고를 해 영업한다. 2016년 7월부터 자산 규모 100억 원 이상, 대부 잔액 50억 원 이상인 대형 대부업체는 금융위에 등록해야 한다.

미등록 대부업에 돈을 갚았다면 흔적을 뚜렷하게 남겨야 구제를 받을 수 있다. 불법사채업자들은 원금과 이자를 다달이 상환받고도 차주가 돈을 주지 않았다고 주장하기도 한다. 차주의 신용등급이 낮거나 개인회생 등의 절차로 금융 활동이 불가능할 경우, 또 돈을 빌린 사실을 알리고 싶지 않은 때 비정상적인 방법으로 돈을 상환하는 일이 잦아서다. 현금을 직접 건네거나 차주 명의의 통장을 개설해 해당 통장으로 돈을 입금하는 식이다. 이때는 차주의 상환을 증명할 길이 없어 불법사채업자로 신고하더라도 속수무책으로 당하게 된다.

그러나 고금리 불법사채를 피하는 가장 좋은 방법은 분수에 맞는 소비다. 평소 신용도를 관리하는 등 불법사채에 손을 대야만 하는 상황을 만들지 않는 게 최선이다. 비양심적인 중고차매매업자도 나쁘지만 신용도가 낮은데도 수입차를 구매하겠다는 사람 역시 철없는 만큼 어쩌면 양심도 없는 사람이라고 필자는 생각한다. 이런 비양심은 누구도 아닌 비양심이 알아보는 법이다.

원칙을 지키며 중고차를 판매하는 매장은 소비자의 신용등급과 채무상환 능력, 차량이 필요한 이유 등을 종합적으로 판단해 적합한 차량을 추천한다. 소비자가 감당하기 어려운 수준의 대출을 감행하는 매장은 묻지도 따지지도 말고 걸러야 할 필요가 있다.

사기범의 3대 불법 무기 - 3대포를 잡아라

금융사기범들에게 꼭 필요한 무기는 무엇일까? 필자가 오랜 기간 경험을 통해서 파악한 바로는 크게 3가지를 갖추고 있다. 3가지의 공통점은 자신을 철저히 은폐하기 위한 것들이다. 첫째는 유인단계에서 상대를 유혹하기 위한 대포폰이다. 노숙자 명의의 대포폰을 만들기도 하고 대출을 해준다고 유혹하여 명의를 넘겨받아 타인 명의의 대포폰을 활용한다. 두 번째는 사기자금을 넘겨받기 위한 단계로 대포통장을 이용한다. 남의 명의의 통장을 활용해서 자신을 철저히 은폐시킨다. 세 번째는 사기를 쳤으니 달아나야 되지 않겠나. 달아나기 위해서는 대포차를 활용한다. 위조된 신분증으로 차량을 렌탈하기도 하고 남의 명의의 신분증으로 차를 빌리기도 하면서 철저히 자신을 숨기는 특징을 갖는다. 그래서 단속하기가 힘든 측면이 있으므로 사전 예방이 더욱 중요하다. 그리고 3대포를 차단시키기 위한 범정부 차원의 진정성 있는 합동대책이 마련되어야 한다.

뭐, 저승사자라구요?

필자는 사채업자, 불법대부업자, 금융 사기범들에게는 '저승사자'라고 불린다. 2001년부터 불법사채업자는 물론 유사수신, 불법 다단계, 불법 카드할인 등을 단속했다. 또 2012년 33개 저축은행에 대한 구조조정을 단행했고, 2014년 신용카드 정보유출사태를 마무리하고 신속한 대응책을 내놨다. 거기다 보이스피싱 사기 등 온갖 금융 관련 불법행위와 맞서다 보니 '금융계 저승사자'라고 불린 것 같다.

사실 이제는 '가정경제주치의'로 불리기를 원하지만 예전에 얻었던 이 악명 같은 닉네임을 필자는 훈장으로 여긴다. 사실 사채시장은 금융감독을 하는 사람들일지라도 위험 때문에 아무도 선뜻 나서지 못한 영역이었다. 필자가 폭리행위를 감독한 고리대금업자들로부터 '밤길 조심하라!'는 말을 한두 번 들은 것이 아니다. 사실 생명의 위협을 느꼈던 순간들도 있었다. 그만큼 나 역시 두려웠다. 하지만 그럴수록 필자의 전투력 역시 상승했다.

필자가 접한 모든 이들을 악인이라 규정하고 싶지는 않다. 늘 마음속으로는 죄가 밉지, 인간이 미운 것은 아니라는 생각을 가지고 있다. 그래서 최근에는 합당한 처벌을 받고 나온 많은 분들을 만나 새로운 삶에 대해 많은 이야기를 나누고 있다. 필자가 가정경제주치의로서 보살펴야 할 사람들은 비단 피해를 입은 서민들만이 아니었다. 한순간 어떤 목적에 의해 잘못된 길을 걸어간 불법 금융 가해자들 역시 필자가 살펴야 할 환자라고 생각한다.

머니투데이 2018년 04월 18일
25면 (인물)

'금감원 저승사자' 이젠 서민금융 전도사로

조성목 서민금융연구포럼 회장

**빚 줄이며 재기할 수 있게 포용적 금융구조로 전환을
밀착 재무상담으로 개선 돕는 '금융주치의' 도입해야**

"서민을 위한 진정한 포용적 금융은 재기를 돕는 것입니다. 자금을 계속 빌리게 하는 대신 재무상담으로 빚을 줄이는 구조를 만들어야 합니다."

조성목 사단법인 서민금융연구포럼 회장(57·사진)은 17일 정부가 추진하는 '포용적 금융'에 대해 "재기를 돕는 것이 핵심"이라고 강조했다.

조 회장은 금융감독원 선임국장으로 재직할 당시 '대책반장' '저승사자' 등의 별명으로 불렸다. 2011년 저축은행 사태, 2014년 신용카드 정보유출 사태 등 굵직한 사안의 대책을 앞장서 마련했고 2015년엔 '그놈 목소리'라는 홍보활동으로 보이스피싱 피해예방 활동을 이끌어 아듬해 국민훈장 목련장까지 수훈했다.

그러던 그가 2016년 퇴직 후 서민금융에 앞장선 것은 금감원 재직 시절 소

비자보호 등에 더 적극적으로 나서지 못했다는 반성에서 시작됐다.

조 회장은 "금감원 재직 당시엔 금융회사에 대한 건전성감독에 더 큰 업무비중을 뒀다"며 "퇴직 후 금융사와 소비자간 정보비대칭의 심해 피해를 입은 사례들을 보며 깨달은 바가 많았다"고 말했다.

특히 '더불어사는사람들' 등 비제도권에서 취약계층의 자립을 돕는 단체와 교류하며 국내 서민금융 실태에 대한 고민이 생겼다. 은행, 보험, 증권 등 다른 금융분야와 달리 마땅한 연구기관 하나 없는 현실을 보며 서민금융에 기여하는 방법을 찾아야겠다는 생각을 한 것이다.

조 회장은 "고문으로 일하는 SK루브리컨츠의 일원으로 SK그룹이 'SK행복나눔재단' 등을 운영하며 사회적

가치 실현을 위해 노력하는 것을 봤다"며 "비슷한 방식으로 기여할 수 있다고 생각해 여러 금융분야 종사자와 뜻을 모아 지난해 2월 서민금융연구포럼을 출범했다"고 말했다.

서민금융연구포럼은 출범 후 '새 정부에 바라는 서민금융 정책방향' 등을 주제로 여러 포럼, 세미나를 개최하며 서민금융분야 연구에 집중했다. 현재는 서민금융연구원으로 명칭 개정을 추진하며 정책제안 등을 진행한다.

조 회장이 제안하는 대표 정책은 일회성 상담이 아닌 밀착형 상담으로 서민의 재무구조 개선을 돕는 '금융주치의'의 도입이다.

그는 "지금껏 서민금융은 자금공급에 초점이 맞춰졌다"며 "채무조정, 채무상담 등을 통한 빚의 질적 개선이 아니라 계속 빌리는 구조를 만드는 것"이라고 지적했다.

이같은 구조를 없애기 위해 신용상담사 600명 등 인적자원을 활용해 지역별로 서민의 재무상담을 도맡는 금융주치의를 배치해야 한다는 것이다.

조 회장은 "돈을 더 빌리게 만드는 대신 필요하다면 개인회생을 할 수 있도록 도와 빚 수렁에 다시 넘어오지 않도록 하는 제대로 된 포용적 금융이 필요하다"고 말했다.

박상빈 기자 bini@
사진=임성균 기자 tjdrbs23@
(23.4×15.7)cm

채무병을 고쳐주는 가정경제주치의

이제 빚을 단순히 개인의 문제로 보아서는 안 된다. 이것은 우리
나라를 좀먹는 사회적 문제로 대두되고 있다. 그렇다면 해결방법
은 무엇일까. 단순히 금전적으로 하는 지금의 양적인 지원이 해법
이 될 수 없다는 것을 우리는 이미 잘 알고 있다.

돈을 주기 전에 먼저 검토해야 할 사항이 있다. 바로 대출상담이
다. 대출하려는 고객이 과연 빚을 갚을 능력이 있는지, 어떤 식으
로 도움을 주는 것이 효율적인지 진단을 내려야 한다. 마치 몸이
아플 때 병원 주치의로부터 병명과 그에 따른 해결방법을 진단받
듯이 말이다.

우리 서민들이 고통 받는 이유 중의 하나는 바로 시기를 놓쳐서
이다. 대부업체를 전전하다가 사채를 쓸 때, 신용회복을 신청할
때, 파산이나 회생을 신청할 때 등등 각종 상황에 처하게 된다. 그
때마다 뒤늦게 상담기관인 '금융 병원'을 찾곤 한다. 만일 병원을
찾을 때를 놓친다면 결국 많은 빚을 지고 만다. 그런 사태를 방지
하기 위해 가정경제주치의 같은 존재가 필요하다.

이미 외국에서는 민간상담 기관이 활성화되어 있다. 민간기구를

통해 채무 상담과 조정을 하는 '사회복지형'과 파산제도를 통해 채무조정을 지원하는 '도덕적 해이 방지형' 채무상담 제도를 운영하고 있다.

미국은 채무자들의 도덕적 해이를 막기 위해 파산신청 이전에 '사적 신용상담'을 의무화하고 있다. 이 상담은 민간 상담기관이 도맡아 각 주마다 부책관리 계획 프로그램을 운영하고 있다. 전국 단위 사무소를 가진 민간 상담기관이 있고 이외에도 여러 민간단체들이 다중채무자 상담을 지원하고 있다. 영국은 비영리상담기구 citizen advice가 무료로 부채문제, 복지, 주거, 고용 등 다양한 상담서비를 제공하고 있다. 저소득 과중채무자를 대상으로 채무변제 계획 수립과 신용교육도 실시하고 있다.

우리나라엔 서민금융연구원이 있다. 연구원은 서민들을 대상으로 무료 상담을 진행하고 있다. 또한 금융권 고객을 대상으로 상담도 본격화하고 있다. 서민금융연구원은 부채, 재무 등 상담분야를 다양하게 확대하기 위해 자체 가정경제 주치의를 통한 활동뿐 아니라 '사회연대은행', '한국금융복지정책연구소', '한국전직지원협회', '청년지갑트레이닝센터', '핀셋', '희망 만드는 사람들', '더불어 사는 사람들' 등 20여 개 기관과 협약을 맺고 지역과 계층에 맞는 상담네트워크를 구축하고 있다.

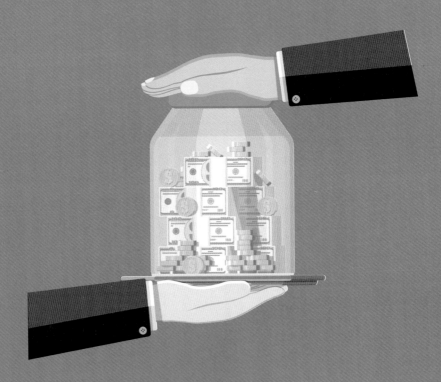

"가난에서 벗어나는 단 하나의 수단은 지혜로워지는 것이다."
- 플로리앙 -

당당하게
대출금리 인하 요구하기

전주시에 거주하고 있는 회사원 김 씨는 몇 년 전 A은행에서 주택을 담보로 1억 원을 대출받았다. 금리는 변동금리를 선택했다. 연 3.5%였다. 단 한 차례도 거르지 않고 매월 성실히 이자를 납부하던 중 비슷한 시기, 비슷한 조건으로 대출을 받았던 직장동료가 자신보다 금리가 낮다는 것을 알게 됐다. 더욱이 과장에서 팀장으로 승진해 직장동료보다 신용조건이 좋음에도 더 높은 금리가 적용됐다는 점이 이상해 금융감독원을 찾았다. 알고 보니 직장동료는 신용등급이 좋아져 금리인하 요구권을 통해 금리가 인하됐으며, 김 씨 역시 이에 해당된다는 사실을 알게 되었다. 하지만 김 씨는 몰라서 이용하지 못했던 것이었다.

해당 은행을 찾아 재직증명서와 급여명세서 등을 제출, 0.5%의 금리를 낮췄다. 김 씨는 대출을 받을 때도 금리인하요구권에 대해 안내를 받은 적이 없었다는 것에 화가 났다. 알면 어느 누가 금리인하를 요청하지 않을까 싶었다. 안 내도 됐을 이자를 지금도 멋모르게 냈을 생각을 하면 울화통이 터졌다.

💲 기울어진 운동장에서 금융주권 찾기

'기울어진 운동장'은 금융사와 소비자 간의 정보격차를 뜻하는 용어다. 금융상품은 일반적인 상품에 비해 판매자와 소비자 간의 정보 비대칭이 크다. 그로 인해 원금 손실 등 피해를 볼 가능성도 적지 않다. 소비자가 권리와 정보를 활용할 수 있는 금융역량을 키울 수 있도록 금융권이 노력해야 한다.

이러한 피해를 해소하기 위해 금리인하 요구권 안내 의무화 등 금융사의 각종 공시의무가 강화됐다. 은행법 일부개정법 개정이 의결돼 은행들은 2019년 5월부터 소비자의 금리인하 요구권을 의무적으로 안내해야 한다.

당장 자신에게 돈이 없는 경우에는 은행이나 캐피탈 등 금융회사로부터 대출을 받는 경우가 많은데 대출을 받을 때에는 대출에 대한 일정한 이자를 약정하게 된다. 대부업법이나 이자제한법 등 금전소비대차에서 과도한 이자를 제한하기 위한 각종 법적, 제도적 노력으로 과거보다 높은 이자로 인한 폐해가 많이 줄어들기는 했지만 여전히 대출을 받는 채무자의 입장에서는 꼬박꼬박 납입해야 하는 이자가 부담이 될 수밖에 없다.

따라서 대출을 받게 되는 사람들은 단 0.1%라도 낮은 금리를 적용받기 위해 다양한 방법을 찾는 경우가 많다. 그런데 대출계약을 할 당시에 비교하여 현재 자신의 신용상태나 경제적 상태가 좋아진 경우라면 기존의 이율을 낮추어 달라고 요구할 수 있는 권리가 있는데 그것이 바로 '금리인하요구권'이다.

현재 월급이 올랐다거나 수입이 증가한 경우, 채무가 줄어든 경우, 재산이 늘어난 경우, 취업을 하게 된 경우임에도 이자는 과거 대출을 받았을 당시를 기준으로 내고 있다면 대출채무자의 입장에서는 불합리한 것일 수도 있기 때문에 금리인하요구권을 행사해야 한다.

사실 2003년부터 도입된 제도지만 실제로 활용하는 사람은 국민의 1%뿐이라는 말이 있을 정도로 있으나 마나 했다. 하지만 과거 금융회사 자체적으로 운영하던 것을 법제화 한 후에는 채무자의 권리로 인식되기 시작하고 있다. 시중은행과 저축은행은 또 차주의 신용등급 변동에 따른 금리변화를 문자 메시지나 이메일로 알려줘야 한다. 모든 시중은행이 비대면 채널에 금리인하요구권을 행사할 수 있는 기능이 이제는 메인화면에 노출된다.

💲 금리인하요구권은 무엇인가

한국소비자원 조사에 따르면 국민의 약 60%는 금리인하요구권이 있는지조차 아예 모르고 있다.

금리인하요구권이 가장 잘 수용되는 경우는 신용등급이 상승했을 때와 거래실적이 쌓였을 때이다. 소득 또는 재산이 증가하거나 영업실적 개선으로 신용등급이 2단계 이상 높아진다면 금리 인하 가능성이 매우 높아진다. 또한 예금, 적금, 펀드 등 금융상품에 가입하거나 자동이체 신청을 하는 주거래은행을 지정하고 거래실적을 꾸준히 쌓는 것도 금리 인하 가능성을 높이는 방법이다. 대부분의 금융회사는 우수고객 우대 서비스 제도를 운용하여 금리 혜택을 주기 때문에 수시로 자신이 우수고객 대상에 해당되는지 확인하는 것도 좋은 방법이다.

우수고객 우대 서비스제도는 예금이나 대출, 펀드, 신용카드, 송금, 급여이체, 자동이체 등의 거래실적과 거래 기간을 감안하여 등급별 우수고객을 선정하고 금리, 수수료 등에 혜택을 부여하는 제도다.

💲 금리인하요구권 신청방법

금리인하요구권을 신청하기 위해서는 신용상태 개선이나 기업의 매출 등의 증가를 입증할 수 있는 증빙자료를 제출해야 한다. 금리인하신청서와 더불어 필요한 서류를 지참하고 은행에 방문하는 것이 일반적인 순서다. 다만 유의해야 할 점은 금융회사별로 적용조건이 다르다는 점이다. 그러니 사전에 확인하는 것이 중요하다.

금융기관에 인터넷, 어플리케이션, 우편, 팩스, 방문으로 신청할 수 있고 이를 대출채무자가 행사하는 경우 신청을 받은 금융기관은 10일 안으로 인하여부를 통지해주도록 되어 있다. 물론 이를 신청하는 경우 금융회사가 요구하는 자료의 제공이나 조회에 동의를 할 필요가 있다.

💲 금리인하요구권 제한사항

금리인하 신청사유가 모두 받아들여지는 것은 아니다. 금리인하는 연 2회까지만 신청할 수 있으며 같은 사유로는 6개월 이내에 신청할 수 없다. 또한 신규대출이나 기간 연장 재약정을 받은 후 3

개월이 지나기 전까지는 활용할 수 없다. 또한 기존보다 부채비율
이 상승했다면 금리인하는 어렵다. 신용등급에 영향을 미칠 만큼
상황이 개선되지 않았다면 거절될 확률이 높다.

금융주권을 실천하려면?
국민참여예산제안제도

양산 통도사 입구에서도 75세 김 씨가 몰던 차량이 갑자기 인파를 덮쳐 1명이 숨지고 12명이 다치는 사고가 있었다. 이 사고로 인해 중앙선을 넘은 80대 운전자 부부가 사망했다. 맞은편 차량의 여성 운전자 2명이 다치는 사고도 있었다. 이렇듯 고령 운전자들은 표지판, 신호등을 판단하는 시력, 주의력, 판단력 등 각종 돌발 상황 대처 능력이 현저히 떨어져 가기 때문에 교통사고 발생률이 높은 편이다. 국민참여예산제도를 통해 고령운전자들의 운전면허 자진반납을 활성화하는 사업이 선정되었다. 이 사업은 고령운전자가 면허를 반납하면 교통카드를 지급하고 상업 시설 이용 할인 혜택 등으로 인센티브를 부여하는 제도다.

$ 국민이 제안하면 국가정책이 된다

국민참여예산제도라는 것이 있다. 기획재정부에서 과 단위 특별 조직까지 만들어 야심차게 추진하고 있는 제도이다. 국민참여예산제도는 1989년 브라질 포르토의 알레그레시에서 처음으로 시작됐다. 알레그레의 국민참여예산제도가 긍정적인 평가를 받으면서, 미국 시카고나 스페인 세비야, 독일 리히텐베르크 등 여러 나라의 도시에도 전파되었다.

우리나라 역시 2003년 광주에서 처음으로 국민참여예산제도를 시작했다. 사실 기존에도 우리나라에 국민이 정부 업무에 관한 아이디어나 개선 방안 등을 제안하는 제도가 없었던 것은 아니었다.

다만 단순히 제안에 관한 답변을 관련 부처가 하는 것으로 마무리하는 방식이라 국민들의 관심을 끌 만한 요소가 없었다. 반면 국민참여예산제도는 국민이 제안하는 것에만 그치는 것이 아니라 사업심사와 우선순위 결정 과정에도 함께할 수 있어 참여의 폭이 더 넓어졌다는 점에서 다르다.

국민들 누구나 사업을 제안하게 하고 국민들의 의견을 들어 지원 대상으로 선정되면 사업당 최대 5백억 원까지 자금을 지원한다. 제안 내용은 미세먼지, 자살, 사회적 고립 등 사회적 난제 해결에 관련된 모든 것이다.

정책 담당자들이 모든 걸 다 알 수 없기 때문에 실제 국민들이 생활 현장에서 느끼는 소소한 정책 수요를 완전히 알 수는 없는 법이다. 그런 정책 사각지대의 틈새를 국민들의 정책 수요가 메우는 것은 매우 아름다운 협업이 아닐 수 없다. 정책 수요자인 국민의 입장에서 이슈를 진단하고 정부 정책에 대한 의견, 해결 방법을 제안하며 토론하는 것은 올바른 주권 행사라고 할 수 있다. 당국과 전문가들도 협조하고 있다. 부처 담당자 및 민간 전문가 댓글 달기 등 실시간 토론으로 국민 제안을 심화·발전시키기 때문이다. 진정 '국민이 주인이 되는 나라'로 가는 하나의 디딤돌이라고 생각한다.

깡통전세·역전세
예방하는 방법

창원에 살고 있는 40대 전 모 씨. 보증금 3억 원에 계약기간 2년으로 ○○아파트의 전세 계약을 체결했다. 2년 후 전세 계약이 만료되어 전세보증금을 돌려받고자 집주인에게 전화를 했다. 집주인은 다시 전세가 나가지 않는 이상 전세 보증금을 내어줄 수 없다고 했다. 전세 시세가 5천만 원 정도 내린 상태라 할 수 없이 다시 계약 연장을 했지만 전 씨의 속은 말이 아니었다. 지금은 집주인이 전세 보증금을 내어줄 때까지 기다리며 장거리 출퇴근을 하고 있는 상황이다. 하지만 언제까지 이 생활을 계속해야 할지 몰라 애가 탔다.

💲 깡통전세와 역전세의 개념

전세금제도는 우리나라에서 독특하게 정착된 부동산 임대문화 제도이다. 우리나라에서만 있는 제도이기도 하다. '깡통전세'라는 말이 있다. 이 말은 공식적인 법적 용어가 아니고 부동산에서 불리는 속어이다. 집의 담보대출과 전세보증금을 합한 금액이 집 매매가를 넘어가게 되면 경매에 넘겨졌을 때 매매가로는 담보대출과 전세보증금을 전부 변제하기에는 부족하기에 전세보증금을 날릴 수 있는 위험 요소가 있는 전세를 깡통전세라고 한다. '역전세'는 말 그대로 이전 전세 계약 보증금보다 새로운 세입자와 계약할 때 보증금이 낮은 경우를 말한다. 간단히 정리하자면 깡통전세는 매매가가 떨어지면 발생하고 역전세는 전세가가 하락하면 발생하는 것이다.

다시 정리하면 이렇다. 역전세는 가격변동이 전세보증금 하락으로 이어진다. 깡통전세는 매매가가 하락한다. 역전세는 손실위험이 낮으나 깡통전세는 손실위험이 높다. 역전세는 세입자가 위험하나 깡통전세는 집주인과 세입자 모두 위험하다. 역전세는 전세보증보험 가입이 가능하나 깡통전세는 가입이 불가하다.

$ 어떤 집이 더 위험할까?

역전세보다 깡통전세가 더 위험하다. 역전세의 경우 집주인이 집을 팔아 나머지 차액 보증금을 충당해 줘도 되고 전세보증보험 상품을 가입하여 최소한의 안전장치를 할 수 있다. 하지만 깡통전세는 다르다. 깡통전세의 경우 해당 집주인이 집을 포기하면 그만이기 때문이다. 이런 집으로 이사를 한 본인을 탓해야 한다. 금융기관 대출까지 있는 상황이면 세입자는 아주 골치 아픈 상황이 된다. 금융기관은 대출 회수를 위해 경매를 집행하게 되는데 전세권이 대출채권보다 선순위면 그나마 다행이지만 후순위면 보증금의 상당부분을 포기해야 한다. 어쨌든 깡통전세나 역전세나 가계부채의 주요 리스크 요인이라는 것은 사실이다. 서민들의 주거문제와 직결된 생존의 문제이기 때문이다.

세입자의 입장에서는 인간으로서의 기본적인 삶을 영위하기 위한 의식주문제를 잘 해결하지 못할 경우 심각한 사회문제로 비화

될 소지가 있다. 금융사 입장에서는 전세자금대출이 부실화로 연결될 경우 자칫하면 시스템 리스크로 전이될 수 있다.

💲 구제 방안

이런 사태에 대한 책임은 세입자 본인에게도 있다. 미래에 대한 대비가 부족했기 때문이다. 하지만 그렇다고 해서 개인의 탓만 해서도 안 된다. 역대 정부의 냉온탕식 부동산 정책이나 금융사의 대출 쏠림 정책 등에서 기인한 문제이기 때문이다. 그러므로 세입자에게만 책임을 미루지 말고 정부도 신속히 대책을 마련해야 한다. 일괄구제가 어렵다면 저소득계층의 일정금액 이하 전세보증금에 대해서만이라도 우선적으로 경매유예기간 연장기한을 현재 3개월에서 3년 정도로 획기적으로 연장하는 방안을 추진해야 한다. 전세가 비중이 높은 보증금에 대해서는 전세보증 의무화, 한계채무자들를 위한 세일앤드리스백(SLB, 매각 후 재임차)[1] 제도의 확대, 집주인에 대한 보증금반환 대출상품 출시 등을 통해서 입주서민들을 적극 보호해야 한다.

ⓢ 깡통전세를 선별하는 방법

먼저 등기부등본을 발급받아 소유자를 확인한 후에 계약서를 작성해야 한다. 진짜 소유자가 맞는지, 자신의 배당 순위는 어떻게 되는지, 하자 여부 등을 꼼꼼히 확인해야 한다. 계약서를 작성해 위험요소를 줄여야 한다.

집주인이 세금을 체납하고 있는지를 확인하는 것도 아주 중요하다. 체납 국세는 전세보증보다 배당 순위에서 앞서기 때문에 확인이 필요하다. 세금 체납 여부는 집주인의 동의를 얻어 국세청의 미납국세 열람제도를 이용하면 확인할 수 있다. 세입자가 속한 소액임차인 기준금액을 확인한 뒤 법원에 배당요구를 하거나 체납처분청에 우선권을 행사한다는 신고를 하면 최우선변제금액을 보장받

---

1. 세일앤드리스백: 금융사에 주택을 매각해서 일단 빌린 돈을 갚고, 그 집에서 임대로 살다가 5년 후에 팔았던 가격으로 다시 살 수 있는 상품

을 수 있다.

전셋집을 구할 때 가장 확실한 방법은 융자가 전혀 없는 집을 구하거나 선순위 대출금액이 많거나 전세금이 매매가격의 80%를 넘는 집은 가능한 피해야 한다는 점이다. 다가구주택에는 세입자들이 많다 보니 더욱 위험성이 따른다. 선순위 세입자의 보증금 총액을 확인하는 작업이 필요하다. 만일 부채비율이 높은 주택에 입주할 수밖에 없는 상황이라면 일단 주택에 살고 있는 전체 임차인의 소액 보증금 합계가 주택 감정 가격의 4분의 1을 넘지 않아야 한다.

내 전세금을
제대로 지키는 방법

> 백 씨는 3년 전 직장과 가까운 곳에 전세를 얻었다. 백 씨는 지난해 말 다른 곳으로 이사를 가기 위해 집주인 변 씨에게 전세보증금을 달라고 했다. 하지만 변 씨는 여건이 안 된다며 기다려달라는 말만 반복했다. 그러던 어느 날 변 씨의 파산 소식이 들려왔다. 변 씨가 자산이 없는 상태이기 때문에 결국 백 씨는 전세금도 받지 못했다. 백 씨는 변 씨의 재산을 알아봐도 돈을 받을 수 있을 만한 유체동산이나 부동산은 이미 없어진 상태라는 것을 알게 됐다. 그동안 기다려달라는 집주인의 말이 결국 시간을 끌기 위한 술수였다는 사실을 깨달은 그는 분노했다. 몇 년 동안 일해서 모은 건데 그렇게 날아가 버리니까 너무도 허무했던 백 씨는 법적으로 해결할 수 있는지 알아보기 위해 오늘도 백방으로 뛰고 있다.

💲 내 전세금을 제대로 지키는 방법

전세보증금을 받아 집을 산 뒤, 집값이 오르면 시세차익을 챙기는 자들이 있다. 그런 이들의 행위를 바로 '갭 투자'라고 부른다. 그런데 집값이 안정세를 찾자 갭 투자자들이 줄파산을 하면서 세입자들은 전세금을 떼일 위기에 놓였다. 역전세난에 전세보증금을 돌려받지 못하고 이사를 가야 한다면 과연 어떻게 해야 할까?

💲 임차권등기명령 신청

2년 전보다 시세가 하락해 집주인이 다음 세입자를 구해도 전세보증금을 다 돌려주지 못하는 역전세. 전세보증금을 돌려받지 못한 상태에서 이사 날짜는 다가오고 집주인은 전세보증금의 일부만 일단 받고 이사를 먼저 가라고 한다. 이런 경우엔 이렇게 하면 된다.

나중에 받기로 하고 이사 간 후 전에 살던 집이 경매에 붙여지면 대항력과 우선변제권을 상실한다. 전세기간 만료 후 이사 가기 전 '임차권등기명령'을 신청해 두면 이사를 가거나 주민등록을 옮기더라도 기존 권리를 그대로 유지할 수 있다.

임차권등기명령을 신청하면 등기 전 법원에서 집주인에게 내용증명을 보내 등기 사실을 통보한다. 임차권등기명령제도는 임차인이 법원에 임차권을 등기하여 줄 것을 신청하고 법원에서는 간단한 절차를 거쳐 임차권등기명령을 하여 임대인의 협력 없이도 임차인 단독으로 임차권을 등기할 수 있도록 한 제도이다.

임차권등기를 마친 경우에는 임차인이 이사를 가거나 주민등록을 옮기더라도 기존에 보유하고 있던 대항력과 우선변제권의 효력이 유지된다. 임차권등기명령을 받기 위해서는 가까운 법원(시·군 법원을 포함)에 임차권등기명령신청서를 제출하면 된다. 임차권등기명령신청서에는 당사자 및 법정대리인의 표시, 신청의 취지 및 이유, 임차권등기의 원인이 된 사실 등을 기재해야 한다.

💲 전세금반환보증보험 가입

전세보증금반환보증보험은 집주인이 전세보증금을 돌려주지 않을 때 주택도시보증공사HUG와 서울보증보험SGI이 대신 내주는 보험 상품이다. 전세금 보증보험 보증대상은 아파트, 단독·다가구·연립·다세대주택 및 주거용 오피스텔, 도시형생활주택이다. 다만 다중주택, 상가건물, 공관, 가정어린이집, 공동생활가정 등은 보증대상에 포함되지 않는다.

HUG 전세보증보험 가입조건은 다음과 같다. 전입신고와 확정일자 절차를 모두 마칠 것, 선순위 채권액을 추정 시가 60% 이하로 할 것, 선순위 채권액과 전세보증금 합계액이 추정 시가 100% 이하일 것, 전세보증금이 보증한도액 이내일 것, 임대차계약 기간 1년 이상일 것, 계약일로부터 계약 기간이 50% 경과 이전일 것 등이다. 또 보증금액은 수도권의 경우는 7억 원, 그 외는 5억 원 이하다.

HUG 전세보증보험 가입 시 필요서류는 다음과 같다. 전세보증보험 가입신청서, 주민등록등본, 신분증, 확정일자를 받은 전세 계약서, 전세보증금 수령 및 지급 확인증 등이다. 서류들을 모두 제출해야 가입할 수 있다.

💲 전세보증보험 가입할 때 알아두면 좋은 팁

오피스텔이나 아파트 등 주거용으로서 주택임대차보호법상 대항력(전입신고 및 확정일자 받기)을 갖춘 부동산이면 모두 보증보험 신청이 가능하다. 또한 전세임대차계약일로부터 2분의 1 정도의 기간이 지나기 전에 신청가능하다. 만약 전세임대차계약을 2년으로 했다면 어떻게 해야 할까. 그럴 경우 역전세가 될 것 같은 흐름이라면 계약기간 중 1년이 지나기 전에 다시 신청할 수 있다. 전세보증보험한도, 전세보증금액, 보증료 등은 보험사마다 각자 다르다. 때문에 가입할 때 자세히 살펴보고 하여야 한다. 게다가 이제는 집주인의 보증보험 가입 동의 절차가 폐지되어 세입자는 좀 더 편리하게 전세보증보험에 가입할 수 있다.

전세보증금 내용증명 작성방법 이후, 우체국 내용증명을 보내는 법으로도 전세금 돌려받기를 못 했다면 전세금반환소송으로 부동산경매 후 전세금을 반환받을 수 있다. 경매 기간은 약 1년이다. 경매 낙찰자가 나오고 매각대금이 납부되면 납부된 매각대금을 임차인이 배당받는다. 임차인이 배당받고도 전세금보다 적으면 임대인의 다른 재산을 확인해 강제 집행할 수도 있다. 전세금반환소송 비용은 패소한 사람이 부담한다.

금리상승 시
변동금리 주택담보 대출

주택을 구입하면서 곧 주택담보대출로 진행할 예정인 신혼부부 정 씨 커플. 이들은 가장 보편적인 3년 고정+변동금리 혼합형으로 진행할지, 아니면 변동금리로 해야 할지 고민이다. 변동금리면 금리 변동 시마다 스트레스를 받아가며 신경 쓰는 것이 싫어서 고정금리를 쓸까 생각한다. 하지만 어느 날 금리가 인하된다는 소리가 심심찮게 들려온다. 그런 얘길 들으면 정 씨는 고정 금리를 하면 손해가 아닐까, 하는 생각이 든다. 그러면서도 그는 선뜻 결정을 내리지 못하고 있다. 결국 정 씨 커플은 우리나라 정세가 불안하니까 지금은 고정을 했다가 3년 후에 갈아타는 방법을 선택하기로 했다.

집을 사기 위해 은행에서 주택을 담보로 변동금리부 대출을 받았을 때, 대출이자가 오르는 것이 걱정된다면 어떻게 대처하는 것이 좋을까.

💲 변동금리 대출이란?

변동금리 대출이란 자금시장에서 변하는 금리를 연동시켜 적용하는 대출방식을 말한다. 약정기일까지 고정된 금리를 적용하는 것이 고정금리부 대출이라 한다. 이에 반해 자금시장의 변동금리와 맞춰 이율을 결정하는 것을 변동금리부 대출이라 한다.

변동금리 모기지론은 처음 몇 년간의 변동금리 이자가 고정금리 이자보다는 보통 낮으며, 그 후에는 전체적인 금리 흐름에 의존한다. 금리 변동이 작게 지속되면 변동금리에 대한 부담이 없으나, 금리가 큰 폭으로 오르면 변동금리 모기지론은 고정금리보다는 비용이 커지게 된다. 금리란 곧 기준지수Index에다가 마진Margin을 더한 값이다. 여기서 말하는 기준지수란 대출회사가 대출 금리를 결정할 때 특정화하여 선택하는 기준이 되는 금리를 말한다.

💲 변동금리 대출의 배경

2018년 미국 FOMC의 지속적인 금리인상, 한은 기준금리 인상 등으로 향후 전반적인 시장금리 상승 가능성이 남아있는 상황이었다. 금리가 지속적으로 인상되던 시기에 낮은 금리로 대출받았던 변동금리 차주가 대출금리 상승에 대비할 수 있도록 월 상환액을 경감하거나 대출금리 상승폭을 일정 폭으로 제한하는 리스크 경감 상품을 출시했다.

대출금리 결정은 금융회사마다 차이는 있으나 기본적으로 대출기준금리와 가산금리로 구성된다. 대출기준금리는 대출자금이 예금으로 조달되는 비용의 원가적 성격을 가진다. 은행의 경우 은행연합회에서 8개 은행의 자금조달정보 평균을 매겨 발표하는 COFIX금리가 대표적이다. 이 금리는 자동으로 산출돼 개별은행이 차등 적용할 여지가 없다. 따라서 대출기준금리에 있어 적용시점이 같다면 어느 은행이든지 같은 금리가 적용되고, 변동금리를 선택했을 경우에 변동주기(3월, 6월, 12월)에 따라 대출기준금리가 달라진다. 가산금리는 은행마다 다른 기준과 방법이 적용된다. 크게는 업무원가, 신용(부도)위험비용, 목표이익률 등으로 구분된다.

업무원가는 인건비, 전산비용 등을 말하며 신용위험비용은 채무자의 신용도별 부도율을 비용으로 인식해 산출된 리스크관리비용 등을 말한다. 목표이익률은 목표배당률이나 적립률을 감안한 비용이다. 이외에도 은행거래실적이나 부수거래 또는 지점의 전결금리 등에 따라 가감해 적용되기도 한다. 이처럼 가산금리는 기준금리와는 달리 개별적이고 복잡한 과정을 거쳐 산출되며 신용등급이나 소득수준이 같아도 어떤 금리체계에서 금리를 결정하는가에 따라 대출금리의 차이를 가져온다. 그러나 채무자는 금융회사가 가산금리체계를 친절하게 가르쳐주지 않는 한 그 구체적 내용을 알 수가 없다. 앞으로는 금융회사에서 대출을 받을 때 대출금리 적용과 관련한 정보를 제공받을 수 있게 된다. 금융감독원은 금융소비자에 대한 정보제공 강화 차원에서 은행대출을 받을 경우 차주에게 '대출금리 산정내역서'를 제공하도록 의무화했다.

💲 금리변동위험에서 벗어나려면

가계 부채가 1천 5백조 원이 넘으니 대출이자율이 1% 정도 오르면 가계가 부담하는 이자는 대략 월 1조 2천억 원이나 증가한다. 금리가 오를 경우를 대비하기 위한 방법은 월 상환액을 고정하거나 대출금리 상승폭을 제한하는 2종이 있으며 월 상환액을 향후 10년간 고정하여 유지하는 '월 상환액 고정형'과 대출 금리의 최대 상승폭을 향후 5년간 2% 이내로 제한하는 '금리상환형'으로 구분된다. 먼저 월 상환액의 고정형 주택담보대출 상품이란 무엇일까? 대출금리 상승으로 이자상환액이 증가할 경우 원금상환액을 줄여 월 상환액을 유지하고, 잔여원금은 만기에 정산하는 상품이다. 고정기간은 10년이다.

고정기간이 경과되면 변동금리로 전환하거나 월 상환액을 재산정하게 된다. 주택담보대출 금리 변동에 따라 은행이 부담하는 위험을 일부 고려하여 변동금리+0.2~0.3%의 금리로 공급되고, 저소득층이나 시가가 낮은 주택은 금리를 우대한다.

합산소득 7천만 원 이하, 시가 6억 원 이하 주택 보유 서민 차주는 0.1%의 금리 우대를 통해 일반 차주에 비해 낮은 금리로 지원한다. 월 상환액 고정기간 중 금리의 변동 폭은 2%로 제한하여 금리 급상승 발생 시 이자상환액만으로 월 상환액을 초과하는 상황을 방지한다. 대출금 증액 없이 대환하는 경우에 한해 종전 LTV, DTI를 적용하고, DSR 산정 대상에서 제외되며 부채구조 개선이라는 상품취지에 따라 증액이 있는 대환이나 신규대출 등에 대해서는 현행 규제 비율을 적용한다.

💲 금리상한형 주택담보대출이란?

향후 5년간 금리 상승폭을 2% 포인트 이내로, 연간 1% 포인트 이내로 제한하여 차주의 상환부담 급증을 방지하는 것. 별도의 대출을 새로 실행하지 않고, 기존의 변동금리 주담대 차주에게만 5년간 '금리상한 특약'을 부가하는 형태로 지원하는 것이다.

변동금리에 금리상한 특약 체결에 따른 비용을 가산하여 기존 금리+0.15~0.2% 포인트 수준으로 공급하는데, 저금리 상품을 특약으로 간편하게 지원하는 점을 감안, 부부합산 소득 7천만 원 이하, 시가 6억 원 이하 주택 보유 차주에 우선 지원한다. 기존 대출의 조건 변경이 없이 별도의 특약을 추가하는 형태로 LTV, DTI, DSR 산정 대상에서 제외한다.

💲 돈 빌리는 사람의 이점은?

금리상승폭 제한을 통해 5년 내 기간 중 대출 금리의 급격한 변동에 따른 위험을 방지할 수 있다. (예를 들어보면, 원금 3억 원, 금리 3.5% 차주 기준으로 1년 후 금리가 1.5% 포인트 상승해도 대출금리는 1% 포인트만 상승한다. 그러므로 일반 변동금리 대비 월 상환액이 약 9만 원이나 경감한다. 만약 5년간 금리가 3.5% 포인트까지 급상승해도 대출금리는 2% 포인트만 상승하므로 일반 변동금리 대비 월 상환액 약 27만 원, 연간 324만 원이 경감되는 효과가 있다.)

결코 빚을 권하는 것은 아니다. 하지만 어쩔 수 없이 돈을 빌려야 한다면 이왕이면 제대로 알고 똑똑하게 빌리는 것이 낫지 않을까?

금융부담 확 낮춘
서민형 안심전환대출

9월 23일 오후 2시, 60대 여성 김 씨가 가쁜 숨을 몰아쉬며 은행에 들어섰다. 기존 변동금리 주택담보대출을 연 1%대 고정금리로 전환해 주는 '서민형 안심전환대출' 상품을 신청하기 위해서였다. 공공기관에서 단기 계약직으로 일하는 김 씨 가족의 수입은 월 100만~200만 원. 김 씨가 매달 부담하는 대출 원리금은 30만 원가량이다. 보험설계사로 일하는 남편의 수입이 워낙 들쭉날쭉해 한 푼이라도 아끼려는 마음이 절실했다. 아직 시간적으로 여유가 남았다고는 하지만 마음이 급해서 달려온 김 씨는 사람들이 이미 안심전환대출로 할당된 재원 20조 원을 신청한 사실을 알았다. 워낙 많은 사람들이 신청했으니 김 씨의 자리는 마땅치 않았다. 신청자들 중에 부적격자가 있어 혹시 자신이 상품에 가입할 수 있지도 않을까 싶은 생각에 신청을 했다. 그래도 걱정이 앞서는 건 어쩔 수 없는 일이었다.

💲 출시 5일 만에 공급재원 초과

2015년 1차 안심전환대출이 출시된 이래 다시 2019년 9월 서민형 안심전환대출이 출시됐다. 안심전환대출을 처음 판매했던 2015년에도 창구업무가 마비되다시피 했는데 이번에도 여지없었다.

경기 침체와 취업난으로 살림이 팍팍해진 서민들은 서울 시내 곳곳의 은행지점을 찾아 이자 부담을 조금이라도 줄이려 서민형 안심전환대출을 신청했다. 출시 5일 만에 공급재원 20조 원을 훌쩍 넘어서는 진기록을 보였다. 안심전환대출은 기존 주택담보대출을 연 1%대(연 1.85~2.2%)의 고정금리대출로 갈아탈 수 있는 상품이다. 대상은 변동금리 또는 준고정금리 주택담보대출로, 위험이 큰 변동금리를 고정금리로 갈아타도록 유도해 대출구조를 개선하고 금리부담을 낮추기 위한 것이다. 하지만 문제가 생겼다. 완전고정금리대출은 대상에서 제외돼 불만이 나온 것이다. 특히 고정금리대출은 한국주택금융공사의 '보금자리론', '디딤돌대출' 같은 정책모기지상품이 대부분이었다. 이런 상품들은 그것을 이용하는 서민층에 대한 역차별이라는 주장이 나왔다. 일리 있는 말이었다.

'보금자리론' 대출이율(고정금리)은 약 연 3.6%로, 안심전환대출 금리 대비 약 1.5% 정도로 엄청난 차이가 나니 당연히 나올 수 있는 말이다. '디딤돌대출'이나 '보금자리론'은 서민들의 주택 마련을 돕기 위한 복지정책으로 알고 있는데, 오히려 이런 서민들에게 혜택이 돌아가야 함에도 불구하고 해당이 되지 않기에 나올 수 있는 당연한 푸념이었다. 그동안 변동금리대출은 시장금리의 급격한 변화가 있을 때 가계부담이 커져 우리 경제의 흐름을 자칫 크게 위험하게 할 수 있다는 논리로 순수고정금리로 대출받을 것을 종용해온 면이 없지 않았다. 정부 시책에 따라 순순히 고정금리로 대출받았던 취약계층들은 금리인하 시기인 현재도 변동금리를 택한 사람들에 비해 높은 금리로 피해를 떠안고 있는 실정이니까 불만이 터질 수밖에 없는 것이다.

안심전환대출의 소득요건은 '서민형'이라는 단서가 붙여 보유 주택 수를 1주택으로 한정하고 소득도 부부합산 8천 5백만 원(신혼부부·2자녀 이상은 1억 원)으로 대상을 제한했지만 '보금자리론(7천만 원)'이나 '디딤돌대출(6천만 원)'보다 높다. 소득기준이 생긴 것이 2015년 3월 출시된 안심전환대출과의 가장 큰 차이점이다. 미혼으로 혼자 연 8천만 원 고소득이 있는 사람도 혜택을 받을 수 있다는 소리다.

과거와 달리 다주택자는 신청할 수 없게 된 것도 특징이다. 부동산 규제를 통해 집값 안정을 도모하려는 정부의 의지가 반영된 것으로 풀이된다. 종전에는 안심전환대출로 대환 때 기존 대출의 중도상환수수료가 면제됐지만, 새 안심전환대출은 중도상환수수료를 부과한다는 사실도 달라진 점이다. 전반적으로 신청 문턱이 과거보다 높아진 것으로 볼 수 있다.

소득기준 등의 제약에도 불구하고 신혼부부·다자녀 우대금리 등을 적용 받으면 대출금리가 연 최저 1.25%까지 내려갈 수 있고, 1금융권뿐만 아니라 저축은행 등 2금융권 대출도 대환이 가능하다는 점 등은 안심전환대출의 매력적인 요소라 할 수 있다.

💲 기존 고정금리 대출자에 대한 배려 필요

하지만 정부가 주도하는 연 1%대 서민형 안심전환대출은 많은 후폭풍을 낳았다. 신청이 너무 많이 몰리면서 심사를 완료하는 것조차 힘들 지경이 되었다. 심사 인력이 턱없이 모자라 주택금융공사를 돕기 위해 시중 은행 직원들까지 발을 걷어붙일 수밖에 없다.

기존 고정금리 대출자를 역차별한다는 비판도 불러일으켰다. 그들을 포함하는 방안을 애초 검토했지만 쉬운 일이 아니었다. 당장 재원 문제가 발목을 잡았다. 고정금리 대출자에게 서민형 안심전환대출을 할애해 주려면 당장 주택금융공사의 유동화 여력이나 채권시장에 미치는 영향 등을 고려해야 하기 때문이다.

기존 고정금리 주담대 차주들의 이자 부담을 줄이기 위해 안심전환대출 탈락자 등을 대상으로 보금자리론으로의 대환을 적극 유도하고 나섰는데 문제는 그 수요 역시 급증했다는 사실이다. 한정된 재원으로 모든 수요를 흡수하긴 어렵다는 점을 인정하고 나보다 더 어려운 분들에게 기회를 주는 너그러움으로 이해할 필요가 있다.

호랑이 잡으려면 호랑이 굴로 들어가라!

실사구시實事求是. 즉 우리의 문제는 현장에 답이 있다는 고전적이고 상투적인 말이다. '실질적인 일에 나아가 옳음을 구한다.', '사실을 얻는 것을 힘쓰고 항상 참 옳음을 구한다.'로 풀이되고 있다. 문약한 책상물림처럼 펜대만 굴려서는 절대 알지 못하는 진실과 사실들이 현장에 있다. 호랑이를 잡으려면 호랑이 굴로 들어가야 한다. 그러기 위해서는 호랑이부터 제대로 알아야 한다. 호랑이의 습성, 호랑이의 서식지, 포식자 호랑이가 먹이를 공격하는 법 등등 그 생태와 환경을 모르고서 어떻게 호랑이를 잡을 수 있을까?

2015년 3월, 선임국장으로 승진하여 서민과 중소기업지원업무를 맡게 되었다. 서민업무 중에 가장 골치 아팠던 문제가 바로 보이스피싱 업무였다. 발령을 받고 필자가 가장 먼저 한 일은 현황을 파악하는 것이었다. 국내 전문가들의 리스트를 파악하기 위해 은행회관 14층에서 회의를 실시했다. 남들이 의아하게 여겨도 필자는 그 회의에 보이스피싱범으로 형사처벌을 받은 사실이 있는 사람을 참석시켰다. 필자는 그들에게 두 시간 동안 사기를 치는 방법에 대해 설명하게 했다. 그 자리를 통해 '30분 지연 인출제도' 등 사기단계별 대책을 마련할 수 있었다. 계속되는 금융사기에 대응하기 위해서는 사기범들을 만나서 대화하고 실효성 있는 대책을 마련해야 한다. 그리고 사기발생 단계별 대응책을 유관기관(방송통신위원회, 통신사, 금융사, 경찰청, 금감원 등) 간의 긴밀한 협업을 통해서 공동대응시스템으로서 마련할 필요가 있다. 이는 시간이 흘러도 변하지 않는 해법이다.

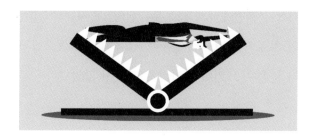

잠자는 예금, 어려운 서민들을 위한 재원이 되다

1995년 은행감독원 검사역 시절부터 줄곧 가져왔던 궁금증이 있었다. '금융회사에서 잠자는 예금을 어려운 서민들을 위해 사용하면 안 될까?', '예금주가 찾아가지 않은 돈을 왜 금융회사에서 잡수입으로 처리할까?' 이런 질문들이 늘 머릿속을 떠다녔다. 사실 물건을 맡기고 찾아가지 않으면 누구나 다 알듯이 법원에 공탁해야 한다. 그러고도 찾아가지 않으면 국고에 귀속시킨다. 그런데 왜 돈만은 그렇지 않을까, 하는 의문이 항상 강하게 남아 있었다. 예금잔액을 기준해 1만 원 미만은 1년 이상 거래가 없을 때 거래중지계좌, 소위 휴면예금계좌로 분류된다. 필자는 이 휴면예금을 저소득층의 의료비나 교육비 등 서민금융지원에 썼으면 하는 생각에 여기저기 문을 두드리며 알아봤지만 쉽지 않았다.

재경부^(현 기재부) 등을 방문하였으나 귀담아듣지 않는다. 그럼 어디로 가야 되나? 국회 김현미 의원실^(김영환 보좌관)로 찾아가 휴면예금관리재단법 입안에 성공하게 되었다. 「휴면예금관리재단의 설립 등에 관한 법률」은 2007년 8월 3일에 공포됐고, 2008년 2월 4일부터 시행되었다. 이 돈들이 현재 미소금융의 씨드머니가 된 것이다.

아직도 여기저기 주인 없는 돈이 많이 있을 것이다. 궁하면 통한다고 했다. 서민을 도와야 한다는 열정이 재원도 만들어내게 된 것이다.

실손보험, 휴면보험금 빠르고 편하게 찾을 수 없나?

'실손보험 빠른청구서비스'

금융감독원 IT부문의 자문위원을 역임하고, 카이스트에서 강의 중인 지앤넷의 김동헌 대표가 개발, 운영하는 서비스다. 필자의 큰 아이가 병원에 가서 여러 차례 진료받은 게 있어서 보험금을 청구하려는데, 진료비 영수증, 진료기록부를 보험사에 팩스로 보내야 했다. 팩스번호를 알려고 하니 홈페이지에 공개되어 있지 않다. 이것저것 바쁘다 보니 한 달 정도를 들고 다녔을까? 지앤넷서비스가 생각이 나서 이참에 인터넷앱을 사용해보고자 네이버에서 '실손보험 빠른청구'를 검색하니 지앤넷에서 운영하는 빠른청구서비스앱이 보인다.

앱을 깔고 보험금 청구하는 데 걸리는 시간은 약 5분 정도. 청구하고 나니 다음날 보험사로부터 아들에게 확인 전화가 오고 그 다음날에는 보험금이 입금되었다. 물론 고객에게는 무료로 제공하는 서비스다. 독자들도 한번 이용해 보길 권하고 싶다. 최근 3년 이내에 청구하지 않은 것도 찾을 수 있다. 고객들의 열화와 같은 요청으로 병·의원이 속속 가입 중이며, 최근에는 1만 개의 약국까지도 가입한 것으로 알려졌다.

　귀찮고 깜빡 잊어서 안 찾아가는 보험금이 수천억에 달한다고
한다. 일부 보험사들은 대표팩스번호조차도 공개하지 않고 있어
팩스번호를 알려고 전화하다 보면 깜빡하고 잊어버리기 일쑤다.
　서민금융연구원은 3천 2백만 명 넘게 가입하고 있는 실손보험
을 고객들이 더 쉽고 더 빨리 찾을 수 있는 서비스를 적극 홍보하
고, 더 나아가 보험가입을 해놓고서도 돈이 없어서 병원비를 못내
서 돈을 빌리려는 분들에게 잠시(2~3일) 동안 병원비를 빌려드리고,
보험금이 나오면 상환토록 하는 서비스를 개발하기 위해서 지앤넷
과 MOU를 체결하였다.

　병원비가 없어서 사채를 쓰게 해서는 안 된다는 마음에서다. 보
험사들이 이런 서비스를 개발하면 참 좋을텐데 하는 씁쓸한 생각
이 뇌리를 스친다.
　한편, 보험금청구권 발생일로부터 3년이 지난 휴면보험금이라도
포기하지 말고, 생명보험협회와 손해보험협회가 공동운영하고 있
는 '내보험 찾아줌' 서비스를 활용하여 돌려받도록 할 필요가 있다.

"남의 돈에는 날카로운 이빨이 있다"
- 러시아 속담 -

성실하지만 불운한 채무자라면
어떻게 해야 할까?

군에서 근무하는 직업군인 한 중위. 한 중위는 몇 달 전 기획부동산에 속아서 은행은 물론 저축은행과 신용카드사, 대부업체 등으로부터 4억 원의 빚을 지고 말았다. 법원의 개인회생제도라는 것을 알고는 있었지만 그 제도를 이용하면 군생활에 불이익을 받을까 망설이다가 시골의 아버지가 땅을 팔아 2억 원을 대신 갚아준 상태였다. 그럼에도 남은 빚을 고민하다가 전문 상담을 받게 되었다. 월급여에서 5인 가족 생계비를 제외한 나머지를 가지고 5년 동안 갚을 수 있는 방법을 찾게 되었다. 대략 2억 원의 채무를 감면받아 실질적으로 4천여만 원만 갚고 깔끔히 정리하게 된 한 중위는 진즉 전문상담을 받았으면 아버지의 땅도 지킬 수 있었을지 모른다는 생각에 너무나 후회가 되었다.

💲 채무조정은 비정상의 정상화

채무조정에 대한 인식이 많이 바뀌고 있다. 채무조정이 '도덕적 해이'라는 부정적 인식에서 벗어나 적극적으로 빚을 정리하려는 노력으로 보이고 있다는 뜻이다. 파산을 엄격하게 심사하면서 그동안 파산 신청 자체가 눌려왔던 측면이 있었는데 최근엔 법원에서도 개인파산에 대한 불이익을 줄이고 절차 간소화 노력 등에 대한 메시지를 내고 있다. 국민의 부정적 인식도 다소 개선되면서 채무 조정 건수는 점점 늘고 있다.

채무조정제도는 크게 사적 조정제도와 공적 조정제도로 나눌 수 있다. 사적 조정제도로는 신용회복위원회의 프리워크아웃(사전채무조정)과 개인워크아웃이 있으며, 공적 조정제도로는 법원의 개인회생절차와 파산절차가 있다. 신용회복위원회의 사적 채무조정제도는 신용회복지원협약에 가입한 금융회사의 채무에 한하여 채무조정 지원이 가능하며 연체일수와 채무금액 등 이용자격 요건이 있다. 채무조정을 신청하면 금융회사의 채권 추심은 중단되지만 채무조정안에 대해 금융회사의 50% 이상이 동의를 해야 최종적으로 채무조정 지원을 받을 수 있다. 법원의 공적 채무조정제도는 연체일수에 대한 제한이 없고 사채를 포함한 모든 채무에 대해서 채무조정 지원이 가능하며 법에서 정한 요건에 부합하면 금융회사의 이의제기가 있어도 채무조정 지원을 받을 수 있다.

💲 사적 채무조정제도 by 신용회복위원회

① 프리워크아웃(사전채무조정)

신용카드 대금이나 대출 원리금 상환에 어려움을 겪고 있는 사람들이 금융채무불이행자로 전락하지 않도록 이자율 인하, 상환기간 연장 등을 해주는 제도이다. 2곳 이상의 채권금융회사에 상환해야 할 채무가 있으며 그중 1곳 이상의 채권금융회사의 연체기간이 31~89일 사이인 경우 신청할 수 있다. 연체기간이 30일 이하라도 최근 1년 이내 누적 연체일수가 30일 이상이면서 연소득이 4

천만 원 이하인 경우에는 신청할 수 있다. 다만, 도덕적 해이를 방지하기 위해 신청 전 6개월 내 발생한 채무가 총 채무액의 30% 이하이고 정상적으로 소득활동을 하고 있으며 연간 채무 상환액이 총 소득액의 30% 이상이어야 한다. 또한 총 채무액은 15억 원 이하(담보채무 10억 원, 무담보채무 5억 원), 보유 자산가액은 10억 원 이하여야 한다. 프리워크아웃에 들어가면 신청자는 물론 보증인에 대해서도 추심을 할 수 없다. 신청비 5만 원 외에 별도의 비용이 들지 않으며 인터넷으로도 신청이 가능하다.

② 개인워크아웃

신용카드대금이나 대출 원리금이 90일 이상 연체된 경우 채무감면, 상환기간 연장 등을 통해 금융채무불이행정보 해제 및 안정적 채무상환을 지원해 주는 제도이다. 총 채무액이 15억 원(담보채무 10억 원, 무담보채무 5억 원) 이하인 채무자로 채권금융회사에 대한 채무 중 어느 하나라도 채무불이행기간이 3개월 이상이며 최저생계비 이상의 수입이 있는 경우에 지원을 받을 수 있다. 다만, 소득이 최저생계비보다 적으면 제3자가 제공하는 소득과 본인 소득이 최저생계비 이상이거나 최저생계비보다 적은 수입으로도 채무상환이 가능한 것으로 인정되어야 지원을 받을 수 있다.

개인워크아웃에 들어가면 연체정보가 해제되기 때문에 채권자는 신청자와 보증인에 대해서 추심을 할 수 없다. 신청비 5만 원 외에 별도의 비용이 들지도 않고 인터넷으로도 신청이 가능하다.

③ 패스트트랙

패스트트랙Fast-Track이란 신용회복위원회에서 사적채무조정이 불가능한 경우 지방법원, 법률구조공단 등이 협업해 개인회생, 파산신청 절차를 간소화한 프로그램이다. 연소득이 4천만 원 이하이고 최근 1년 이내 발생한 신규채무 비중이 40% 이하(질병과 사고 등으로 불가피하게 발생한 신규채무는 제외)이면 지원할 수 있다.

변호사, 법무사 등 법률 전문가를 거치면 일반적으로 법률 서비스료, 인지대, 송달료 등으로 1인당 150~200만 원 정도가 들어간다. 반면 패스트트랙을 이용하면 이 비용을 아낄 수 있다. 또한 법률 전문가를 거쳐 신청할 때는 평균 9개월이 소요되지만 패스트트랙을 거치면 3개월 정도 소요된다. 현재 패스트트랙은 법원·법률공단의 개별 협약에 따라 11개 지역에서만 이용할 수 있으나, 향후 전국으로 확대될 예정이다.

$ 법원에 의한 공적 채무조정제도

① 개인회생

채무를 정상적으로 상환할 수 없는 채무자를 대상으로 채권자 등 이해관계자의 법률관계를 조정함으로써 채무자의 회생과 채권자의 이익을 동시에 도모하기 위한 지원제도이다. 개인회생은 계속적으로 또는 반복하여 수입을 얻을 가능성이 있는 개인이 3년 내지 5년간 수입 중 생계비를 공제한 금액을 변제에 사용하면 잔존 채무(최대 90%)에 대해서는 면책을 받을 수 있다.

개인회생은 채무자의 자발적인 의사로 변제하는 절차이므로, 채권자도 신청할 수 있는 개인파산과 달리 채무자만이 신청할 수 있다. 다만, 채무자라고 모두 신청할 수 있는 것은 아니다. 총 채무액이 무담보채무 5억 원, 담보채무 10억 원 이하로 재산보다 부채가 더 많고, 갚을 능력이 부족해 상환시기가 도래한 채무를 일반적·계속적으로 갚을 수 없는 객관적 상태 즉, 지급불능이거나 그러한 염려가 있는 상태의 채무자만이 신청할 수 있다. 예를 들면, 월수입과 채무액이 현저하게 차이가 나서 급여를 전부 빚 갚는 데 사용해도 이자도 갚기 어려운 상황 등이 해당한다.

개인파산은 '낭비 또는 도박 기타 사행행위를 하여 현저히 재산을 감소시키거나 과대한 채무를 부담하는 행위'를 면책불허가사유로 규정하여 면책받지 못할 가능성이 있다. 하지만 개인회생은 채무발생의 원인을 면책불허가사유로 규정한 바 없으므로, 채무발생에 신청인의 귀책사유가 있다고 하더라도 신청할 수 있다.

개인회생은 장래 계속적 또는 반복하여 수입을 얻을 가능성이 있어 이를 변제의 재원으로 삼아 변제계획을 수행해 나가는 제도이기 때문에 급여소득자의 경우 근로소득원천징수영수증, 급여명세서 등으로 수입이 있다는 사실을 입증해야 한다. 반면 영업소득자의 경우 종합소득세 확정신고서, 소득금액증명원 등으로 계속적 수입이 있음을 입증해야 한다. 다만 입증이 어려운 신청인들을 위해 법원은 소득증명서, 소득진술서 등의 양식으로 위 입증을 대신하게 할 수 있도록 하고 있다.

개인회생 신청을 앞두고 불필요한 추가 대출을 받아 돈을 숨겨놓거나 본인 명의의 재산을 다른 사람 앞으로 이전해 숨기려는 사람들이 있는데, 이러한 행동은 개인회생 이용 자체를 불가능하게 만드는 원인이 될 수 있으므로 절대 해서는 안 된다.

개인회생 신청이 받아들여졌다면 정해진 변제계획에 따라 매월 변제금을 성실하게 납부해야 한다. 어렵게 개인회생에 들어갔지만 변제금을 납부하지 않아 폐지되는 경우가 상당히 많은데 이렇게 폐지될 경우 다시 빚 독촉에 시달리게 되고 상당한 시간과 노력을 기울여야 재신청이 가능하므로 다소 어렵더라도 변제금 상환을 최우선으로 두고 생활해야 한다.

② 개인 파산

자신의 재산으로 모든 채무를 갚을 수 없는 채무자를 대상으로 한다. 법원은 모든 채권자가 평등하게 채권을 변제받도록 한다. 또한 채무자에게는 면책절차를 통해 남아있는 채무에 대한 변제 책임을 면제하는 절차이다. 파산을 신청하는 채무자는 지급불능상태에 있어야 한다. 개인회생은 신청요건의 총 채무액에 제한이 있지만 개인파산은 총 채무액에 제한이 없다. 따라서 파산을 신청하여 면책 결정을 받은 채무자는 상환 부담이 거의 없다. 일부 면책의 경우 면책 결정을 받은 후 상환부담이 발생할 수 있으나, 신청하기 전에 염려할 만한 수준은 아니다. 전부 면책 결정을 받은 경우 변제액 부담은 없지만 파산절차에서 남은 재산이 있는 경우 채권자에게 배분해야 한다.

　파산을 선고받으면 민법 등 각종 법률에서 파산을 선고받은 자의 자격이나 권리에 제한을 두고 있기 때문에 직업 및 경제적 활동 등에 제한이 생기는데 복권을 통해 벗어날 수 있다. 복권이란 상실한 권리를 다시 찾는다는 의미로 파산 선고로 인해 제한된 자격과 권리를 정상적인 상태로 돌려놓는 것을 의미한다. 그런데 파산 선고 후 복권되지 않는 경우 불이익을 계속해서 받을 수 있다. 사기 파산의 경우 최고 10년 이하의 징역형에 처할 수 있으며 채무자를 보증한 사람의 보증채무는 그대로 남는다.

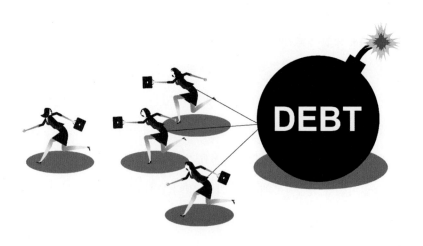

💲 주요 채무 구제제도별 장단점

① 개인워크아웃

개인워크아웃은 현재 생활을 유지하면서 이용할 수 있고, 채무 조정 외에도 취업지원, 신용관리 교육, 소액금융지원 등을 받을 수 있으며, 2년 이상 변제 계획을 수행하면 '신용회복 지원 중'이라는 정보도 삭제되어 좀 더 빨리 정상적인 금융거래를 할 수 있는 장점이 있다. 급여가 압류된 경우 압류가 해제되어 정상적인 급여 수령도 가능하다. 단점은 개인회생이나 파산에 비해서 대체로 채무 감면 폭이 작고, 변제기간은 장기여서 상대적으로 상환부담이 크며 대부업체 등 사금융은 제외된다.

② 개인회생

개인회생은 개인워크아웃에 비해 대체로 상환부담이 적고 개인파산에 비해 사회적으로 신분상 불이익이 적다. 사채를 포함해 모든 채무를 신청할 수도 있다. 특히 보유 재산이 거의 없고 가용소득이 적은 채무자는 상환부담이 줄어드는 효과가 크다. 그러나 절차가 매우 까다롭고 전문가의 도움이 필요한 경우 법률 서비스 비용 등이 발생한다는 단점이 있다. 또한 지속적인 소득이 없는 채무자는 신청이 불가능하다.

③ 개인파산

개인파산은 빚을 갚을 능력을 상실한 채무자가 선택할 수 있는 채무조정방법 중 금전적 이익이 가장 크다고 볼 수 있다. 사채를 포함한 모든 채무를 신청할 수도 있으며 면책이 결정되면 채무상환 책임이 면제된다. 그러나 개인회생과 마찬가지로 절차가 매우 까다롭고 전문가의 도움이 필요한 경우 법률 서비스 비용 등이 발생한다는 단점이 있다. 최소한 생활에 필요하다고 인정되는 재산을 제외하고 나머지 재산은 처분 대상이므로 생활에 필요한 이상의 재산을 소유할 수 없고, 파산으로 인해 직장을 퇴사하거나 업무상 필요한 자격을 상실하게 되는 경우가 발생할 수 있다. 때문에 미래에 사회적, 경제적 활동에 많은 제약이 수반될 수 있다.

개인회생의 기각사유에는 다음과 같은 것들이 있다. 첫 번째, 신청인의 소득으로 개인회생제도가 가능한 경우. 두 번째, 소득 및 재산에 대해 허위로 진술을 한 경우. 세 번째, 국세·지방세·4대 보험·학자금 등 비면책 채권일 경우. 네 번째, 신청인의 재산이 채무보다 많은 경우. 다섯 번째, 사행성행위로 인해 채무의 사유가 불량할 경우 등이 있으니 유의해야 한다.

⑤ 개인회생과 개인워크아웃의 비교

개인회생은 금융기관뿐 아니라 사채, 통신요금 등 모든 채무가 대상이며 채무가 3개월 이상 연체되기를 요구하지 않으므로 추심을 피할 수 있다. 이자 100% 감면은 물론 원금도 최대 95%까지 감면이 가능하다는 장점이 있다. 하지만 상대적으로 비용이 높고 절차도 비교적 까다로우며 무엇보다도 보증인에 대한 채권 추심은 방지할 수 없다는 단점이 있다.

이에 반해 개인워크아웃은 절차가 간단하고 비용도 매우 적으며 보증인에 대한 추심을 방지할 수 있고 상환기간도 길다는 장점이 있으나 대상이 금융기관 채무로 제한되며 원금에 대한 감면율이 낮다는 단점이 있다.

현재 최저생계비 이상으로 소득을 계속적으로 얻고 있으며 채무 규모가 소득과 재산에 비해 과중하고 채권자들의 추심을 피하고 싶다면 개인회생절차를 이용하는 것이 좋다. 반면 신청자 본인은 현재 계속적으로 최저생계비 이상의 소득을 얻지 못하지만 배우자의 소득 등으로 변제가 가능하거나 일정 기간의 추심을 용인할 수 있고 채무가 금융기관 대상으로 제한되며 소득과 재산에 비해 채무가 상대적으로 적은 수준이라면, 개인워크아웃제도를 이용하는 것이 더 효과적이다.

💲 개인회생과 개인파산의 비교

개인회생은 채무자 본인의 최저생계비 이상의 꾸준한 소득이 있는 자를 대상으로 한다. 그에 비해 개인파산은 수입이 전혀 없거나 있더라도 부양가족을 고려한 최저생계비 이하의 소득만 있는 자를 대상으로 한다. 개인파산은 현재 소유하는 재산으로 변제하는 것을 통해 면책까지 이뤄지는 제도이다. 신청 후 최장 3년(2018년 6월부터 상환기간이 5년에서 3년으로 단축) 동안 상환하면 잔여채무를 면책하는 개인회생에 비해 신속하게 이루어지는 장점이 있다.

다만 채권자들이 개인회생에 비해 손해를 볼 가능성이 있어 조금 더 엄격하게 판단하는 경향이 있다. 또한 파산선고 후 면책이 되기 전까지는 합명회사, 합자회사 사원의 퇴사 원인이 된다. 주식회사, 유한회사 이사의 경우 위임관계가 종료되어 당연 퇴임하게 되거나 변호사, 법무사, 회계사, 공무원, 아이돌보미, 학원 운영 등의 일을 할 수 없다는 단점이 있다.

채무자는 원칙적으로 월 실수령액에서 부양가족을 고려한 최저생계별 금액(가족별 중위소득의 60%)을 공제한 가용소득 전부를 최장 3년 동안 변제해야 한다. 단 그 변제 총액은 채무자가 보유하는 재산의 현재가치(배우자 소유의 부동산, 자동차 등 시가의 1/2 포함, 압류금지재산 제외)보다 많아야 한다. 또한 채무 총액이 5천만 원 미만인 경우에는 총액의 5%, 5천만 원 이상인 경우에는 총액의 3%를 곱한 금액에 1백만 원을 더한 금액보다 많아야 한다. 또한 조세 및 4대 보험 미납금 등은 전부 변제해야 한다.

💲 신용회복위원회의 '성실상환 인센티브'

신용회복위원회는 자금을 대출해 주는 기관이 아니라 채무를 조정해 주는 기관이다. '성실상환 인센티브'는 채무조정제도 중에 하나다. 바로 이 채무조정이 신용회복위원회의 주요한 기능이다.

성실상환 인센티브는 열심히 일을 하여 소득이 있고 채무를 변제하기를 원하는 분들에게 직접 도움을 줄 수 있는 제도이다. 취지가 매우 바람직한 제도라고 할 수 있다. 성실상환자를 위한 5가지 인센티브는 다음과 같다.

① 신용정보 조기삭제

신용회복지원정보를 조기에 삭제함으로써 채무자의 개인신용평가회사의 신용등급 산정 및 금융회사 신용거래에서 불이익을 받지 않도록 도와준다. 삭제대상은 신용회복위원회로부터 신용회복지원을 받아 24개월 이상 납부하고 있는 성실상환자, 24개월 이전 확정된 채무를 변제 완료한 경우 완료시점에 삭제한다. 이때 변제유예기간 중 이자를 면제받는 경우 해당 변제유예 기간은 상환기간에 포함되지 않으므로 실제로는 24개월보다 길어질 수 있다. 또한 프리워크아웃 이용자의 경우에는 한국신용정보원에 신용회복지원정보가 등록되지 않는다. 신용회복지원제도 관련 주요 공공정보 관리내용은 아래와 같다.

신용회복위원회 신용회복지원 확정자는 확정된 신용회복지원 채무를 변제완료한 때와 2년 이상 변제한 때가 해제시점이다. 법원파산면책책임자는 면책채권을 변제한 때와 등록일로부터 5년이 경과한 때에 해제된다. 법원 개인회생 변제계획 인가자는 변제계획에 따른 변제를 완료한 때와 등록일로부터 5년이 경과한 때에 해제된다.

② 소액신용대출

소액신용대출은 사고, 질병, 재난 등으로 긴급 생활안정자금을 필요로 하는 자(의료비, 재해복구비, 결혼자금, 임차보증금), 생활안정자금, 본인 또는 부양가족의 대학 학자금, 대출 신청일 기준 6개월 이전에 차입한 고금리대출 상환자금, 영세자영업자의 사업장 집기, 비품, 시설물의 구입 및 교체자금인 시설개선자금, 영세자영업자의 원재료 구입 등의 운영자금으로 구분되는데 지원대상은 신용회복위원회로부터 채무조정을 받아 6개월 이상 상환 중이거나 최근 3년 이내에 상환을 완료한 사람들이다. 살다 보면 급하게 자금이 필요한 경우가 많은데 이 소액신용대출은 특히 유용하다. 더욱이 최대 1,500만 원이라는 큰 금액을 연 금리 4% 이내라는 낮은 금리로 대출받을 수 있으니 금융권에서 대출받는 것보다 성실상환자 인센티브를 통해 받는 것이 좋다.

③ 신용카드 발급 지원

한국처럼 신용거래가 일상화된 사회에서 신용카드 발급을 지원한다는 것은 유용한 인센티브가 될 수 있다. 신청인의 채무 성실상환 여부를 제휴 카드회사에 제공하고 카드회사는 이를 심사하여 적격자를 대상으로 소액신용카드를 발급한다. 이때 최소한도는 50만 원 이내이며 현금서비스 기능은 이용할 수 없는 신용카드가 발급된다.

지원대상은 다음과 같다. 채무조정 확정 후 상환일정에 따라 월 변제금액을 24개월 이상 상환하고 신청일 현재 미납이 없는 자, 확정된 채무를 변제 완료한 자 등이다. 재조정에 의해 변제계획을 이행 중인 경우 최초 채무조정 확정 후 24개월이 경과하고 조정 후 12개월 이상 월 변제금을 상환하고 재조정 전 납입횟수를 포함한 누적 납입횟수가 24회 이상이어야 한다. 신용카드 발급 제휴카드사인 KB국민카드사의 채무를 조정 중인 경우에는 카드사 내규에 따라 발급이 제한될 수 있는 기준 이상을 충족해야 한다.

④ 전세자금 특례보증

성실상환 중이라면 전세자금도 일정부분 보증받을 수 있다. 다만 다음의 요건을 모두 충족해야 한다. 임차보증금 5억 원 이하(지방은 3억 원 이하)인 임대차 계약을 체결한 자, 임차보증금의 5% 이상을 지급한 세대주, 한국주택금융공사 채무가 없는 자, 신청일 현재 신용회복위원회에 채무변제 중인 자로 변제를 24회차(프리워크아웃 이행자는 12회차) 이상 납입한 자, 신청일 현재 신용관리정보 미보유자로 신용회복위원회 채무조정절차를 완료하였으며 채무변제완료일에서부터 3년 이내인 자, 신청일 현재 신용관리정보 미보유자로서

채무자회생법에 따른 개인회생 및 개인파산면책자이며 각각 변제
계획인가결정일 및 파산면책결정일로부터 8년 이내인 자에 하나
라도 해당되는 자.

⑤ 일시 완제 시 추가감면

해당 인센티브는 채무조정을 받아 12개월 이상 납부한 후 잔여
채무를 일시적으로 완제하고자 하는 분들을 위한 제도로, 잔여 채
무를 추가 감면해 준다는 의미이다. 다만 원리금분할상환 중인 담
보채무, 수정 조정 등으로 12개월 미만 상환된 채무, 잔여 상환기
간 6회 미만인 경우는 제외된다.

채권의
소멸시효 완성

50대 자영업자 오 씨는 대부업자로부터 5백만 원을 대출받았다. 그 후 시간이 오래 지나 소멸시효가 완성되었다. 하지만 오 씨는 그 사실을 알지 못한 상태로 지내고 있었다. 어느 날 연락을 취해 온 대부업자가 채무 일부를 변제하면 원금을 감면해 주겠다고 오 씨를 회유했다. 소멸시효기간이 끝났다는 사실을 모르던 오 씨는 채무 일부를 변제했다. 하지만 오 씨는 자신의 변제가 소멸시효 완성 효과를 포기하게 만드는 행위인 것을 알지 못했다.

$ 권리 위에 잠자는 자는 보호받지 못한다

오랫동안 연체 중인 빚에 대해 채권자가 법적으로 권리행사를 하지 않는다면 그 빚을 갚을 책임이 없어진다. 이것을 두고 '소멸시효가 완성되었다.'라고 표현한다. 여기서 말하는 채권 소멸시효란 빚의 유통기한을 뜻한다. 상거래 목적의 대출은 5년, 사업목적이 아닌 개인 간 빌린 돈은 10년, 물건이나 서비스를 사용하고 내지 않은 대금은 3년, 음식을 먹고 내지 않은 돈은 1년 안에 이 소멸시효가 완성된다.

부실채권이란 금융기관의 대출금 가운데 회수가 불분명해진 채권을 말한다. 채무자가 채권을 계속 갚지 못하면 시간이 지나 부실채권으로 처리가 되고 채권추심전문업체로 매각된다. 물론 채권액이나 상황에 따라 매각 가격이 하향 조정되기도 한다. 그럼에도 채권 추심이 사람에 초점을 맞춰 진행이 되기보단 채권 자체에 초점이 맞춰 이루어진다. 그래서 채무자를 괴롭혀온 '좀비 채권'을 막기 위해 소멸시효 완성채권의 추심과 매각을 금지하고 소멸시효를 부활시키는 행위를 막을 필요가 있다.

💲 내 채무는 어디에? 채권자변동조회시스템 활용하기

아울러 눈에 띄는 제도가 바로 '채권자변동조회시스템'이다. 이른바 '채무 이력제'와 같은 그림이다. 채무자들은 본인의 채권이 어떤 기관에 넘어가 있는지 알 수 있게 된다. 신용정보원에 채권 정보를 등록한 뒤 채권 매각 때마다 그 내역을 쌓아두게 된다. 채무자 입장에선 본인 채무 정보를 알고 있다면 불합리한 채권 추심을 피할 수 있게 된다.

소멸시효 완성채권은 법정시효가 지나 갚을 의무가 사라진 채권이다. 금융채권의 소멸시효는 5년(상법 제64조)이나, 통상 법원의 지급명령 등을 통한 시효연장으로 연체 발생 후 약 15년 경과 시 소멸시효가 완성된다. 금융채무 시효는 금융사가 추심을 포기한 채권을 뜻하는 말로, 금융회사가 빚을 돌려받기 위한 법적 조치를 취하지 않아 채무자가 빚을 갚지 않아도 되는 채권이다. 금융채무 시효는 상법상 채무자가 대출원리금을 연체한 날부터 5년이 지나면 소멸하는데 금융사는 소멸시효 직전에 법원에 지급명령 등을 신청해 관행적으로 10년을 연장하는 경우가 많다. 이 때문에 실제로는 연체 기간이 15년이 넘어야 금융사들이 시효 연장을 포기하면서 소멸시효가 완성된다. 시효가 소멸한 채권은 채무자의 변제 의무가 없어지지만 채무자가 빚 일부를 상환하면 다시 부활해 부당한 채권추심행위에 노출되는 경우가 많았다.

💲 민사채권의 소멸시효는 10년을 채우면 다 해결된다?

소멸시효 10년을 다 채우더라도 실제로 채무를 탕감받는 사례는 극히 드물다. 채권자 입장에서 채권이 10년 만기를 다 채워 저절로 사라지는 것을 가만히 지켜보지 않는다. 오히려 그들은 법률적으로 소멸시효를 중단시키는 방법을 잘 알고 있다.

소멸시효를 연장시키거나 중단시키는 가장 좋은 방법은 소송이다. 9년 동안 아무 연락이 없다가 10년이 다 돼가는 시점에 지급명령이나 내용증명 발송을 통해 채권자들은 권리를 주장한다. 이렇게 되면 소멸시효는 무용지물. 결국 채권의 소멸시효는 존재하지만 기다린다고 채권의 소멸이 이뤄지는 것은 아니다.

⑤ 금융사에서 빌렸으니 나는 안심해도 될까?

대부분 처음 채무를 빌리는 상당수는 대부업을 이용하기보단 시중 1금융권이나 카드사 등 2금융권을 상대로 대출을 진행한다. 즉 대부업과는 거리가 먼 업체를 선택한다. 하지만 대부업에 직접적으로 돈을 빌리지 않아도 나중에 내가 갚지 못한 불량채권들은 대부업체들의 손에 들어가 결국은 그들이 추심을 진행하게 된다.

이유는 바로 채권 양수양도와 관련된 법률 규정 때문이다. 1금융사, 2금융사들은 부실채권을 대부업체에게 기존에 빌렸던 금액의 절반 가격으로 넘기는 경우가 많다. 가령 은행에서 1,000만 원을 채무자에게 빌려줬는데 못 받고 있으면 1,000만 원 회수가 힘들어지는 타이밍에 대부업체가 500만 원에 그 채권을 사겠다 하면 은행으로선 이익이다.

대부업체가 500만 원에 사들이고 채무자에게 채권양수양도 통지를 내보인 다음 600만 원만 받아내도 이득이기 때문이다. 100만 원을 손쉽게 얻을 수 있다. 이런 원리로 대부업체로 내 채권이 흘러들어 가는 것이다. 사실 채무자가 돈을 빌렸으면 갚는 것이 맞다. 하지만 사람 사는 것이 말처럼 쉽지 않다. 채무자의 도덕적 해이도 문제지만 금융사들의 채권추심과정에 대해서도 고민해 볼 일이다.

💲 채권 소멸시효 확인하는 방법

'크레딧포유(www.credit4u.or.kr)'에 접속해 채권자변동정보를 조회하여 소멸시효 완성 여부를 직접 확인해야 한다. 은행 다음이 신용카드사, 할부금융사 같은 여신 전문기관, 증권사, 자산유동화회사, 대부사업자 등 기타 금융중개회사, 저축은행이다.

장기미상환 채무는 소멸시효 완성 여부를 꼼꼼히 확인해야 한다. 상사채권(금전채권 포함)은 통상 5년의 소멸시효기간을 적용한다. 장기미상환 채무에 대해 대부업자가 일부 변제, 법원 지급명령 등 소멸시효 부활 관련 조치를 취한 후 대부이용자에게 채권 추심을 진행하는 경우다.

소멸시효 완성 채권에 대해 채무 일부 변제 또는 변제이행각서 등 작성 시 채무자가 소멸시효 완성효과를 포기한 것으로 볼 수 있다. 대부업자가 채무 일부 변제 시 원금을 감면해 주겠다고 회유하는 경우 소멸시효를 부활시키려는 의도가 있는 것이다. 그럴 때는 대부업자에게 시효 중단 조치 내역을 요구해 시효완성 여부를 확인해야 한다. 또 법원으로부터 지급명령을 받은 경우에는 대부이용자가 법원에 적극적으로 소멸시효 완성 효과를 주장해 채권추심을 거부할 수 있다.

　장기 연체는 과도한 빚 고통으로 이어진다. 대부 채권도 일반 채권과 동일하게 매각이 가능하며, 장기연체 시 원금을 초과하는 이자를 상환해야 하는 경우도 있다. 대부이용자는 채권매각통지서 수령 시 정확한 내용을 확인해야 한다. 대부업자가 장기간 채권 추심을 진행하지 않는다고 해서 채무가 소멸되는 것이 아니라는 점을 기억해야 한다.

소액채무
특별감면제도

2005년 장 씨는 IMF(국제통화기금) 외환위기로 인해 하루아침에 실직자가 되었다. 회사가 부도난 것이다. 장 씨는 은행으로부터 대출받아 생활비를 쓰는 와중에 변변한 직장을 구하지 못한 나머지 결국 빚을 돌려막기 시작했다. 심지어 원리금 납부가 지연되면서 1천만 원이던 채무가 8천만 원으로 가산됐다. 다행히 이번 장기소액연체자 대책으로 잔여채무 720만 원을 면제받았다.

💲 취약층 3년 갚으면 잔여 채무 95%까지 감면

2018년 2월, 빚 부담 때문에 경제 능력이 극도로 취약해진 채무자에게는 단비와 같은 정책소식이 있었다. 2018년 2월 상환 능력이 없는 장기 소액연체자에게 빚을 탕감해 주는 정책을 발표했던 것이다. 이 정책에 따라 빚 원금이 1천만 원 이하이며 10년 이상 장기 연체를 하고 있는 채무자 62만 7천여 명이 모두 4조 3천억 원의 채무 면제 또는 감면 혜택을 받았다. 그리고 금융 당국은 장기 소액연체자 지원 대책을 상시화하는 것을 발표했다. 그리고 후속작이 뒤이어 나왔다. 2019년 7월 또다시 소액채무 특별감면이 이뤄진 것이다. 대상은 3개월 이상 대출금을 갚지 못하는 기초생활수급자·중증장애인·70세 이상 고령자였다. 채무원금에 관계없이 최대 95%를, 1천 500만 원 이하 대출금을 10년 이상 갚지 못하는 장기연체자는 최대 85%의 빚을 각각 감면해줬다.

소득이 중위소득의 60%^(3인 가구 경우 225만 원)보다 적고, 파산면제 재산^(서울시 4,810만 원) 이하의 순재산을 보유한 연체 채무자로, 3년 동안 약정한 채무 일부를 성실하게 갚는 경우에 한해서다. 주택담보대출 연체자도 상환 능력에 따라 장기분할·상환유예·금리 인하 등의 혜택을 주기로 했다. 하지만 비판도 없진 않았다. "성실하게 빚 갚는 사람을 바보 만드나?", "^(탕감해주니) 일부러라도 돈 빌려야겠다."라는 말도 있었다.

💲 채무 감면받기는 쉽지 않다

특별감면제도를 적용받는 것은 말처럼 쉽지 않다. 사실상 정상적인 금융거래가 불가능한 이들을 위한 '좁은 문'이다. 일회성 제도를 상시화하는 만큼 기존보다 제도 대상 요건의 입구도, 출구도 현저히 좁았다. 기존 상환능력 심사 요건만 따져 봐도 현재 장기소액연체자지원재단은 지원 대상자의 상환능력을 심사할 때, 압류금지 재산과 1톤 미만 영업용 차량 등 생계형 재산을 제외하고는 회수 가능한 재산이 없고, 중위소득의 60%^(1인 가구 기준 월 소득 99만 원) 이하에 해당하는지를 따졌다. 물론 이 감면 제도가 상시화되면 명암이 있듯 악용 가능성도 어느 정도 있다고 생각한다. 그래서 특별감면제에서는 '기초생활보장 수급자' 또는 '70대 이상' 등 개인이 쉽게 바꾸기 어려운 기준까지 집어넣었던 것이다.

그렇다면 기존에 여러 채무조정제도가 있는데 왜 이것까지 하는 것일까?

소액채무의 경우엔 과도한 제약조건들이 있기 때문이었다. 감면제도의 혜택을 받기 위한 법원의 채무조정제도엔 개인회생과 개인파산이 있는데, 회생은 최저생계비 이상 고정소득이 있어야 한다. 파산도 채무원금이 3천만 원 이상이어야 가능하다. 신용회복위원회의 개인워크아웃 제도도 고정소득을 보는 요건이 있어 상환능력 없는 소액 연체채무자는 해당사항이 없다. 이들은 어떤 식으로 도움을 받지 못했던 금융취약계층의 가장 하부에 있는 어려운 사람들이다.

상환능력이 없는 채무자에게 지속적으로 상환을 요구한다고 해서 해결이 될 일인지? 돈을 빌려준 사람의 책임은 없는 것인지? 채권자와 채무자 모두가 상생할 수 있는 최대공약수를 찾을 필요가 있다.

⑤ 미국, 구제와 새 출발

전문가들도 가계부채가 위기 수준까지 치솟은 만큼 채무탕감 프로그램 도입이 불가피하다는 데에 공감하고 있다. 미국이 1978년 '구제와 새 출발'을 강조하는 연방파산법을 개정한 것을 모델 삼아 우리나라도 회수 불가능한 채권에 대해선 과감히 탕감을 실시해 경기활성화의 기폭제로 활용하는 사회적 합의가 필요하다는 이유에서다.

도덕적 해이 논란이 일지 않게 특별감면제 대상자의 상환능력 심사를 엄격히 하는 것이 중요하다. 하지만 이들이 경제적으로 재기해야 금융사도 '미래의 고객'을 유치하는 차원에서 도움이 될 뿐더러 사회적 비용도 줄일 수 있을 것이다. 서민의 빚을 구제해 주는 것은 가계부채 위험을 해소하고, 취약계층에 최소한의 삶을 보장한다는 측면에서 국가의 책무라 할 것이다.

⑤ 채무탕감이 아니라 채무정리

우리사회는 부채문제에 있어 채무자의 책임만을 지나치게 강조하고 있다. 채권자를 설득해 채무자에게 재기의 기회를 줄 수 있는 사회가 되어야 한다. 장기연체자의 인권을 지키고 채무자들을 채무의 부담에서 해방시켜 주는 것이 경제적으로 훨씬 효율적이다. 또한 용어 변경도 필요하다. 채무탕감이라는 용어는 도덕적 해이와 형평성 등 불필요한 논란을 야기시킨다. 소비자의 주권확보 측면에서 '채무정리' 등의 형식으로 바꾸는 것은 어떨까?

목숨 살리는
장기채권 소각

대전에 거주하는 64세 여성 김 씨. 김 씨는 국민행복기금에서 '장기소액연체자 소각 대상자'가 됐다는 문서를 받고 대전금융복지상담센터를 찾았다. 김 씨는 10년 전 연체한 채무로 인해 본인 이름의 휴대폰도 개통하지 못하고 취업도 하지 못한 채 그동안 정상적인 경제활동을 하지 못했다. 김 씨는 자신이 채권소각의 대상자로 선정된 것인지 센터 상담사에게 확인을 요청했다. 안내문서의 제목은 '장기소액연체자 소각 대상자 문의'였다. 누가 보아도 장기소액채권자에 해당됐다는 것으로 읽힐 만했다.

이 문서는 K신용정보회사가 국민행복기금의 위임을 받아 보낸 것으로, 제목과 달리 김 씨의 채무가 소각대상이라는 것을 알려준다기보다는 채무자의 연락을 유인하는 문서에 가까웠다. 대부분 장기 연체 채무자가 채무독촉이 두려워 연락을 하지 않는다는 점을 악용, K신용정보회사는 채무소각 대상자라는 문구로 유인해 연락을 유도한 것이다.

2018년 연말이었다. 대부금융협회는 2천 473억 원 규모의 소멸시효 완성채권을 자율적으로 소각 처리했다. 대부협회가 시효 완성채권을 소각한 것은 2017년 말 2조 8천억 원 규모를 처리한 이후 두 번째다. 지난해 소멸시효 채권은 26만 명 소유분이었고, 올해는 약 2만 명 분량이다. 대부협회는 총 26개 대부업체의 시효 완성채권 소각을 위임받아 이를 한국자산관리공사에 양도했다. 소각 절차는 대부협회가 각 채무자 보유 채무를 1원으로 산정해 한국자산관리공사에 매각하는 방식이다.

대부협회가 소각한 채권은 대부업체가 장기간 연체돼 회수가 어렵다고 자체 판단한 채권이다. 본인 소유 채권이 소각됐는지 여부는 자산관리공사가 운영하는 온크레딧 홈페이지에서 '채권 소각 채무내역조회'를 통해 확인할 수 있다.

⑤ 채권 소각의 효력

채권이 소각되면 연체 기록, 시효 완성 여부 등의 과거 기록이 모두 삭제되어 빚의 부활이 불가능하기 때문에 채무자는 추심에서 완전히 벗어나고 금융거래를 할 수 있게 된다. 그러나 민간금융회사에서는 소멸시효 완성채권이 소각되어도 보통 신용정보보호법상 5년이 지나야 연체 기록이 삭제되어 효과가 크지 않을 것이라는 지적도 있다. 또 그동안 성실하게 빚을 갚고 있던 채무자들이 상대적으로 불이익을 받을 수 있다는 우려가 있다. 채권 소각 대상 조건으로는 다음과 같은 조항이 있다. 10년 이상 연체되었을 것, 1천만 원 이하 채권일 것, 소멸시효가 완성되었을 것, 재산이 없어 상환능력이 없을 것이 있다.

⑤ 대출채권 소각정보 확인처

대출채권 소각정보를 확인하는 곳은 다음과 같다. 예금보험공사

(1899-0057), 한국주택금융공사(1688-8114), 한국자산관리공사(1588-3570), 신용보증기금(1588-6565), 기술보증기금(1544-1120), 농림수산업자신용보증기금(02-2080-6631)에 문의하면 정보를 알 수 있다.

한국신용정보원은 지난 2017년부터 '크레딧포유(www.credit4u.or.kr)'를 통해 소멸시효가 완성된 채권 소각 정보를 채무자가 직접 확인할 수 있는 방안을 마련했다. 빚의 사슬을 끊는 소멸시효가 완성된 채권이 소각되면 불법적인 채권 추심의 가능성이 원천 차단되고, 전산으로 조회해도 '채무 없음'으로 표시된다. 또한 과거 기록으로 인한 불이익이 사라진다. 빚은 아는 만큼 해결할 수 있다. 그러나 아주 근본적인 것은 빚의 무서움을 알고 돈은 갚을 수 있는 만큼만 빌려야 빚이 되지 않는다는 사실! 기억해야 할 것이다.

정부가 소멸시효가 지난 채권의 원금을 전액 없애주는 것을 두고 업계 안팎에선 비판이 제기됐었다. 매번 정부가 국민혈세를 투입해 채무자들의 빚을 갚아주면 채무자들이 '버티면 정부가 나서서 해결해 준다'는 식의 잘못된 인식을 가질 수 있다는 것이다.

하지만 도덕적 해이라는 비판이 문제해결을 위한 논의 자체를 막는 장애물이 될 수 있다. 채권 소각이 일회성의 선심성 정책으로 전락하지 않기 위해선 다층적이고 종합적인 채무조정 시스템이 필요하다. 여러 곳에서 빚을 진 다중채무자는 전체 채무 중 일부가 탕감되는 것만으론 실질적인 재기의 발판을 마련할 수 없다. 전체 채무의 종합적인 재조정이 어떤 식으로든 필요한 법이다.

$ 채권자 VS 채무자

채권소각만으로 훌훌 다 털어버리면 좋은데 아직 끝나지 않는 문제가 있다. 대표적인 문제가 바로 통장압류 문제다. 장기 소액채권에 대한 소각은 연체자들이 경제활동을 재기할 수 있도록 하기 위한 것인데, 통장압류 때문에 금융거래가 제한된 상황이 해결되지 않으면 정책의 실효성이 떨어질 수밖에 없다.

10년 이상 연체가 지속된 연체자들은 통장이 압류된 경우가 대부분이다. 때문에 채무자는 급여 통장을 사용할 수 없어 구직활동 등 경제활동에 제약을 받는다. 채권이 소각되더라도 통장 사용 등으로 금융거래를 할 수 없다면, 채권 소각의 의미가 반감된다.

현재 연체자의 압류 통장을 해제하는 방법에는 두 가지가 있다.

첫째는 '채권자'가 법원에 신청해 압류를 해제하는 방법. 둘째, '채무자'가 신청해 압류를 해제하는 방법이다. 채권자가 압류를 해제하는 방법은 간단한 신청서만으로 가능하다. 하지만 채무자가 압류를 해제하려면 채무가 없다는 점을 증명해야 한다. 일반인들이 법률전문가의 도움을 받지 않고 이 같은 방법으로 압류를 해제하는 것은 쉽지 않은 일이다. 압류해제가 채권자에겐 간단하지만, 채무자에겐 복잡한 일이다. 이 때문에 채권 소각이 이뤄지더라도 대부분 취약계층인 연체자들이 통장압류 해제까지 혜택을 받는 것은 쉽지 않아 보인다. 국민행복기금을 포함한 금융 공기업이 기존에 집행한 법적 조치들을 채권 소각 시 함께 해제해야 하고 이에 대한 구체적인 해법도 내놓을 필요가 있다.

💲 채무자 대리인 제도

성매매와 자살을 종용하는 사채, 가정파탄을 부르는 사채, 사실 사람들은 빚보다 빚 독촉을 더 무서워한다. 가족까지 위기로 몰아넣는 불법추심 때문에 자살을 하는 경우도 많다. 채무자는 먹고사는 데 필요한 최소한의 돈을 써야 한다. 하지만 채권자의 입장에선 그 돈마저 줄여 갚기를 기대하고 있다. 그렇기 때문에 채권추심은 많은 경우 잔혹성과 잔인성을 띨 수밖에 없다. 대출 연체에 따라 채권자와 채무자가 갑을관계처럼 바뀌기 시작하면 채무자는 심리·인격적인 파멸을 겪게 된다. 자칫하면 한 개인의 인생이 파국으로 치달을 수도 있다.

채무자 대리인 제도란 2014년 7월부터 시행 중인 제도인데, 대부업체나 사채업자 등을 통해 돈을 빌린 채무자가 변호사 등 채무 대리인을 선임하면, 대부업체는 직접 채무자에게 접촉하여 채무 변제 독촉을 하지 못하고 채무자 대리인과 협의하도록 하는 제도이다. 현재 채무자 대리인 제도는 대부업체나 대부중계업자, 채권추심업자, 대부업 등록을 하지 아니한 사채업자들에게 적용한다. 채무자가 대리인을 선임하고 이를 서면으로 통지한 경우, 대부업자는 채무와 관련해 채무자를 방문하거나 채무자에게 연락할 수 없고 대리인을 통해서만 채무 변제 독촉 등을 할 수 있다.

채무자대리인 제도는 공정채권추심법에 근거해 채무자가 채권 추심에 응하기 위해 대리인으로 선임한 변호사를 채권 추심자에게 서면 통지한 경우 채무자에 대한 직접채권추심을 금지하는 제도다. 무리한 채권 추심을 막아 한계 채무자의 재기 지원을 위한 목적이다. 미국에서는 금융업자로부터 채무자를 보호하기 위해 30년 전부터 시행하고 있다.

⑤ 개인워크아웃제도 활용 전에 대리인 선임할 필요

법원의 채무조정 제도인 개인회생 절차는 신청과 동시에 채권 추심이 금지되는 반면 신용회복위원회의 개인워크아웃제도는 연체 후 90일이 지나야 채권추심을 막을 수 있다. 연체 일수 90일을 초과해야 워크아웃 절차를 밟을 수 있다는 신복위의 협약 탓이다. 이 기간에 채권추심에 노출된 채무자가 불안한 심리로 90일을 기다리지 못해 90일 이전에 신청이 가능한 프리워크아웃제도에 기대는 경우가 많다. 워크아웃은 이자와 원금이 감면되는 반면 프리워크아웃은 원금과 이자의 조정이 없다는 차이가 있다. 이것 때문에 신복위 채무조정을 앞두고 대부업체의 극심한 추심이 우려되는 상황이라면 채무자 대리인을 세운 후 워크아웃을 신청하는 방법이 있을 수 있다.

서민 두 번 울리는
회파복 대출

개인회생 10회 납부, 4대 보험에 가입되어 있는 30대 중반의 회사원 이 씨. 그는 한 집안의 가장이다. 그에게는 이제 막 초등학교에 입학한 아들과 유치원에 다니는 딸, 그리고 아내가 있었다. 개인회생을 하다 보니 일반 은행에서는 대출 진행이 어려워 대부업에서 대출을 이용할 수밖에 없었다. 회생납부 기간이 길지 않다보니 법정 최고금리만 사용할 수밖에 없는 상황에 급한 나머지 대출을 받긴 했지만 최저생계비를 제외한 모든 금액을 회생비로 납부하다 보니 실제 여유자금이 너무 없었다. 매번 아이들 교육비에 생활비 때문에 아내와의 다툼이 잦았던 이 씨는 당장 급한 대로 생활비조로 쓰기 위해서 또 다른 대출을 알아보기로 했다. 하지만 원하는 금리대의 대출은 찾기가 너무 힘들어 고민이 깊다.

💲 개인회생기간 중 긴급자금이 필요할 때

개인회생이란, 현재 과다한 채무로 인해 지급불능의 상태에 빠졌거나 지급불능의 상태가 발생할 염려가 있는 개인에 한정하여 신청할 수 있는 금융제도이다. 하지만 이런 개인회생제도로 혜택을 받아도 생계비를 제외한 소득 전부를 변제해야 하기 때문에 급박한 상황이 생기게 되면 변제금을 미납할 수밖에 없는 경우가 생긴다. 이때 진행 가능한 대출이 바로 개인회생대출이다.

법원으로부터 개인회생 변제계획인가를 받아 2년 이상 성실하게 상환하고 있거나 최근 3년 이내 상환을 완료한 경우에는 신용회복위원회의 성실상환자대출을 활용하여 긴급자금을 마련하는 방안을 강구하는 것이 좋다. ^(국번 없이1397)

$ 고금리 대출로 또 다시 빚쟁이 전락

하지만 개인회생·파산·신용회복 절차를 진행 중인 서민을 대상으로 한 대부업체들의 '회·파·복^(회생·파산·신용회복)' 대출이 정상적인 경제생활로 복귀하는 길을 막아 '악순환'을 만들고 있다는 주장도 있다. 그 주장을 파헤쳐 보면 일견 이해가 되는 면이 있다.

개인회생 제도는 과다한 채무로 인해 지급 불능 상태에 있거나 지급 불능의 우려가 있는 개인채무자가 월평균에서 생계비를 공제한 나머지 금액 전부를 3년 동안 변제하면 나머지 채무를 면책받을 수 있는 제도다. 예를 들어 한 달 소득이 2백만 원이라면 1백만 원은 생활비로 쓰고 나머지 1백만 원씩 3년간 갚아나가면 빚을 면책 받게 되는 것이다. 문제는 개인회생 진행 중에 당장 돈이 필요할 경우 이들이 갈 수 있는 곳이 대부업체, 사채 등 고금리 시장밖에 없다는 것이다. 더욱 인터넷에서 회파복을 검색하면 카페 및 블로그에 수백 건의 대출상담 건이 나오는 등 홍보성 마케팅이 판을 치고 있다.

개인회생자들이 고금리의 대출을 또 받게 된다면 개인회생을 제대로 이행하지 못해 결국 다시 부실을 일으키는 악순환이 반복되는 것은 자명하다. 3년 동안 개인회생제도를 성실히 이행하면 빚을 면제받을 수 있는데 당장 돈이 급해 대출을 또 받게 되면서 중도에 탈락하는 문제가 생길 가능성이 높다.

💲 정책서민금융상품 이용 못 하는 개인회생자

햇살론, 새희망홀씨 등 정책서민금융상품도 개인회생자들은 조건이 되질 않아 이용할 수도 없다. 이들이 잘 갚아서 정상적인 경제생활로 복귀할 수 있도록 해야 하는데 고금리로 돈을 빌려주는 회파복 대출은 이들을 돕는 것이 아니고 또다시 빚쟁이로 만드는 부작용을 충분히 갖고 있다는 것을 인정해야 한다.

정부에서 상환능력을 초과하는 대출은 하지 못하게 막고 있는데 대부업체는 소득증빙자료만 보고 대출을 해주고 있다. 그 사람이 개인회생 절차에 들어갔다는 사실을 알면 대부업체에서 이들에게 대출을 내주지 못하도록 막을 필요가 있다.

금융당국에서도 이러한 대출에 문제가 있고 손질해야 한다는 것에는 충분히 동의하고 있다. 하지만 당장 돈이 필요한 사람에게 대출을 해줄 수 있는 곳이 마땅히 없다는 점에서 그대로 둘 수밖에 없는 딜레마에 직면한다. 그런 식의 영업이라도 하는 곳이면 무조건 고맙다고 말하는 서민들을 보면 필요악이 왜 존재할 수밖에 없는지 문득 이해가 되고 만다.

맞춤대출안내서비스에 더 담아야 하는 것들

　돈이 급히 필요한 금융이용자는 답답하다. 신용도가 좋은 분은 대체로 신용카드를 사용하여 현금서비스를 받거나 카드론을 통해서 조달한다. 아니면 주거래은행을 통해서 대출을 받는다. 그러나 다른 금융사와의 대출금리를 비교하여 자신에게 보다 유리한 대출을 받기는 쉽지 않다. 돈을 빌리는 분들의 신용상태에 따라 대출 이자율이 각각 다르기 때문이다. 단기간 자금을 사용하고 갚을 것이라면 이자율이 다소 높더라도 빌리면 되겠지만 그렇지 않으면 대출상품은 매우 신중하게 결정해야 한다. 그러나 정보가 부족한 일반인의 입장에서 유리한 대출 금융사 선정은 쉽지 않다. 그러다 보니 대출중개업자들을 통해 대출금융사를 소개받기도 한다. 이 경우 금융사는 대출중개수수료를 부담해야 되고 그 비용은 대출원가 상승으로 금융이용자가 부담하게 된다. 때로는 중개업자가 금융이용자에게 수수료를 징구하는 경우도 있어 비용이 배가되기도 한다.

　필자는 금융사들의 대출금리 비교서비스로 금융이용자 이자비용도 절감하고, 금융사의 대출 이자율을 낮출 수는 없을까? 하고 고민했다. 그러다가 대출정보종합플랫폼을 구축해 돈을 빌려주려는 금융사와 돈을 빌리려는 사람을 직접 만나게 하는 방법을 구상했다. 마침내 2005년 12월 12일, 현재의 서민금융진흥원의 맞춤대출안내서비스((구)한국이지론)를 출범시켰다.

맞춤대출서비스는 대출에 필요한 정보를 입력하면 다양한 금융회사의 대출상품을 한 번에 쉽고 빠르게 비교할 수 있다. 또한 이 서비스는 대출정보 종합 플랫폼으로 대출정보가 부족한 서민금융이용자를 대상으로 만들어졌다. 개인의 신용도에 맞는 대출상품을 안내하여 불법 사금융 이용으로 인한 피해를 예방하는 데 기여를 했다.

이를 통해 한 번에 여러 금융회사를 방문한 효과를 누릴 수 있다. 금융회사를 직접 방문하지 않아도 다양한 금융회사에서 다루고 있는 새희망홀씨, 햇살론, 사잇돌 및 금융회사의 일반신용대출 등의 대출 가능여부를 PC나 스마트폰을 통해 직접 신청할 수 있다. 전화 상담을 통한 맞춤상담으로 빠르게 확인할 수 있다. 또 전문적이고 상세한 상담도 받을 수 있다. 맞춤대출서비스 전문 상담사들은 항상 고객의 입장에서 생각한다. 맞춤형 대출 상담을 비롯하여 복지, 금융교육, 신용, 부채관리 등 상세한 종합상담을 받아볼 수 있다.

구축 당시 시스템 운영은 각 서민금융협회 등이 공동 출자한 한국이지론㈜에서 운영하였고 금융감독원은 이를 후원하였다. 2016년 서민금융진흥원이 출범하면서 이곳으로 이관되어 서비스를 하고 있다. 서비스 이용 시 대출상품 관련 정보탐색비용 절감, 대출 접근성 확대, 자금수요 충족 등 편익이 증대되고, 조회처 정보가 누적되지 않아 대출신청자의 신용도 저하를 방지할 수 있다.

일반적으로 정책을 시행하다 보면 정책 수혜자만을 보고 평가하는 경향이 있다. 어찌 보면 위정자로서 정책 시행의 긍정적 측면을 부각시키고 싶은 것은 당연한 일일게다. 최근 시행된 정책 중에서 최저임금 상향조정, 주 52시간 근로시간제 등이 그렇다. 최저임금 인상으로 혜택을 본 사람들이 몇 명이니 하는 것은 성과로 내세워지지만 얼마나 많은 사람들이 일자리를 잃고 어렵게 되었는지는 잘 부각되지 않는 경향이 있다. 경제학을 깊이 있게 공부하지 않았더라도 균형가격은 수요와 공급에 의해 결정된다는 기본적인 사실만이라도 이해한다면 경솔하게 결정하지는 못할 것이다.

정부는 좋은 정책 시행도 중요하지만 정책 시행으로 인해 나타날 수 있는 예상 부작용에 대한 치밀한 대책이 필요하다. 대부업법상 금리상한을 낮출수록 제도권을 이용할 수 없는 금융수요자가 늘어날 수밖에 없고, 그분들 중 돈이 꼭 필요한 분이라면 암시장에서라도 돈을 빌려야 하지 않을까? 하는 고민에 가중치를 더 많이 부여하고 고민할 필요가 있다.

서민금융진흥원의 맞춤대출안내서비스를 획기적으로 확대해 서비스 제공을 희망하는 적법한 대부업체들을 모두 포함시켜 운영한다면, 고객들은 더 많은 금융사들 간의 대출이자율을 비교하여 더 낮은 대출금리 상품을 선택할 것이고, 금융사들은 고객을 잡기 위해서 금리를 더 낮추지 않으면 안 되므로 금리인하를 유도해 나갈 수 있을 것이다. 똑같은 상품을 옆집에서 더 싸게 파는 것을 소비자가 안다면 비싼 집에서 사지는 않을 것이다. 또한 그렇게 될 경우 손님을 유치하려는 가게도 가격을 낮출 것이다. 또한 대출안내가 안 된 분들은 신용회복위원회의 신용회복지원제도나 법원의 개인회생제도 등을 활용할 수 있도록 연계시킬 수 있는 시스템의 마련이 필요하다. 필요하다면 서민금융연구원에서 수행하고 있는 가정경제주치의 상담을 받아보도록 하는 방안, 한국FPSB의 재무설계 전문가를 통한 재무설계서비스와 연계하는 방안 등 보다 적극적인 채무자구제방안을 마련할 필요가 있다.

현행 대부업법상 상한 이자율은 연 24%이다. 이를 더 낮춰야 한다는 말도 나오고 있다. 그런데 이는 신중해야 한다. 상한 이자율을 낮추는 것이 모든 것을 해결해 줄 수 있을 것처럼 말하지만 실은 그게 능사가 아니다. 사실 어찌 보면 법상 이자율을 낮추는 것은 매우 쉬운 일이다. 법도 아니고 시행령에서 낮추면 되는 일이기 때문이다. 낮추었을 때 부작용은 암시장에서 벌어지는 일이기 때문에 잘 밝혀지지 않았다. 그 때문에 그동안 정책당국에서는 쉽게 선택되어 왔다. 하지만 2018년 말 서민금융연구원이 국내 최초로 실시한 사금융 이용자들의 행태 조사에 따르면 상한 이자율을 인하하는 것에 신중해야 하는 이유가 분명하다.

최근 3년 이내의 대부업 이용경험자 또는 대부업체를 이용하려다가 탈락된 약 3,800명을 대상으로 실시한 설문조사 결과, 신용대출기준으로 보면 대부업체에 돈을 빌리려다가 혹은 대부업을 이용하려다가 거부된 분들의 약 절반은 부모, 친인척 등에게 의존하게 되는 것으로 나타났다. 약 15%에 해당하는 50만 명은 사채시장에 가는 것으로 조사되었다.

금융권 일각에서 채권 소각을 할 경우 자칫 위헌논란에 휩싸일 수 있으므로 시간을 두고 소멸시효를 완성시켜 폐기해야 한다는 주장이 제기되기도 한다. 채무탕감을 정부가 나서서 할 경우 사법부의 채무재조정(파산 및 개인회생) 권한을 침해한다는 위헌논란에 휘말릴 수 있기 때문이다.

채무탕감도 채무재조정의 일환이며 채무재조정은 채권자와 채무자가 임의조정에 합의를 못 할 경우 법원의 판단에 의해 조정하는 것으로 사법부의 고유권한이다. 행정부가 헌법에 명시된 삼권분립을 위반하는 일이 될 수 있다.

국민행복기금의 지분 중 32%가 시중은행이기 때문에 국민행복기금의 채권을 정부가 소각하게 되면 사유재산권을 침해한다는 지적도 있다. 성실하게 채무변제를 해왔던 채무자와의 형평성 문제도 불거진다. 어려운 살림살이에도 신복위나 국민행복기금 등 사적 채무재조정 절차를 이용해 성실하게 변제를 해왔던 채무자들이 소외감과 허탈감을 받을 수 있다는 의견도 있다. 하지만 어렵게 살고 있는 취약계층을 위한 정책이기 때문에 거시적으로 볼 필요가 있다. 신복위나 법원을 통한 채무탕감이 많이 발생했음에도 불구하고 금융기관의 연체율이 정상을 유지하는 것은 채무탕감과 도덕적 해이는 별개라는 것을 가리키기도 한다.

사기죄도 10년이 지나면 공소시효가 만료돼 법적 책임을 물을 수 없다. 하물며 금융기관 채권 몇 푼이 없어서 못 갚는 사람들에게 10년이 넘도록 경제범죄자의 짐을 지워주는 것은 옳지 않다. 우리 사회도 이들을 용서하고 따뜻한 이웃으로 받아들여 줄 수 있을 만큼 성숙했다고 믿고 있다.

결자해지(結者解之)의 자세로 3단계 서민금융지원 실시

정책서민금융 지원을 금융생활 개선에 기여하는 방향으로 전환할 필요가 있다. 단순히 자금자원만으로는 이용자의 금융생활이 생각처럼 개선되지 않기 때문이다. 정책서민금융상품은 이용자의 신용등급, 소득이라는 외형적인 요소뿐만 아니라 내용적인 측면을 고려했을 때 자금이 필요하다. 제도금융권에서 부담 가능한 이자율 수준으로 돈을 빌릴 수 없을 때에 한하여 지원이 이루어지도록 해야 한다. 또한, 자금지원의 범위도 단순히 자금을 지원·공급하는 데에서 벗어나 개별 이용자에게 맞춤형서비스를 공급할 수 있도록 개선해야 한다.

제1단계로, 금융채무불이행자 양산의 공동책임이 있는 금융사들이 자체적으로 가정경제주치의 등 상담전문인력을 확충해서 상담전담창구를 설치하도록 해야 한다. 결자해지의 차원에서 보나 금융이용자들의 접근성 제고 차원에서 보나 금융창구를 적극 활용할 필요가 있다. 특히 고금리 대출로 과다채무를 유발한 책임이 큰 금융기관들부터 우선적으로 의무화하는 방안도 생각해 볼 필요가 있다. 이런 제도가 정착되면 퇴직금융인 등 전문가 활용을 통해 서민금융지원도 강화하고, 일자리 창출도 가능한 대안이 될 것으로 기대한다.

제2단계로, 서민금융지원을 하는 서민금융진흥원과 신용회복을 지원하는 신용회복위원회를 통합해야 한다. 그리하여 상담업무의 중복으로 인한 비효율성을 제거하고, 통합된 기구를 중심으로 복지, 노동 등 유관기구는 물론 전국적으로 산재해 있는 단체들과의 네트워크 구축을 통해 시너지효과를 극대화하는 방안을 강구해야 한다.

마지막 3단계는 찾아가는 상담서비스를 확충해야 한다. 사채 등 채무가 많은 사람은 상담기구나 은행을 방문하여 상담하는 것이 어렵기 때문이다. 채무로부터의 온전한 탈출을 돕는 실효성 있는 대책을 기대해 본다.

이제 자산관리는 전문가에게 맡기고
우리는 우리 삶을 풍요롭게 만드는 데 더 많은 시간을 할애하자.

PART 6

이제는
금융복지다

빈대 잡으려다가 초가삼간 태워선 안 된다
해외 대부업체의 금리규제 방식
벼랑 밖에서 잡아주는 절실한 손길
빚 때문에 제발 죽지 말고 상담받아라
국내 최초 대부업·사금융 이용행태 조사
재무설계, 서민에겐 선택 아닌 필수

조성목의 금융 이야기

· '서민금융'이라는 용어의 탄생비화
· 서민금융에 대한 연구가 필요하다

빈대 잡으려다가
초가삼간 태워선 안 된다

총부채원리금상환비율(DSR) 규제가 시행되면서 은행에서 예금담보대출도 막힌 김 씨. 주택청약예금을 담보로 생활자금을 빌리기 위해 은행을 찾은 60대 김 씨는 점포 세입자에게 보증금을 줘야 하는 상황에 처했다. 급전이 필요했던 그는 대출을 신청했다. 하지만 심사를 거쳐 기존 대출 때문에 불가능하다는 답변을 들었다. 그는 자신이 맡긴 예금을 담보로 대출받는 것을 막는 것은 사유재산권 침해가 아니냐며 한숨을 토했다. 자금 계획을 다시 세워야 한다는 말에 김 씨는 처진 어깨를 하고 은행문을 나설 수밖에 없었다.

💲 제2금융권에도 적용하는 DSR 규제

담보대출 의존도가 높은 서민대출에 빨간불이 켜졌다. 모두 DSR규제가 적용되면 급전이 필요한 서민들은 등록 대부업체도 이용하지 못하고 불법 사금융 업체로 몰려갈 수 있다. 이런 우려가 점차 현실화되어 간다. 고리의 이자를 갚지 못해 눈덩이처럼 원리금이 늘어나 생길 가계 파산을 막기 위해서는 서민들의 사채 수요를 흡수할 수 있는 대출 상품을 개발해야 한다. 또한 DSR을 일률적으로 적용하기보다 탄력적으로 운영할 필요도 있다. 은퇴한 고령층들은 현재 소득이 없어도 과거에 만들어놓은 담보물로 생계를 이어가는 경우가 많다. 결국 제2금융권 DSR도입은 소득이 일정치 않은 자영업자, 상환 능력은 있지만 당장 돈벌이를 하지 못하는 사람들의 목줄을 틀어막을 수 있는 제도다.

💲 소비자의 정당한 권리까지 막아서는 안 된다

보험약관대출을 DSR에 포함시킬 경우 대출실행에 약관대출이 문제가 된다면, 보험약관대출을 일시 상환하고 대출을 받게 되므로 제도 도입의 실효성이 없어진다. 소비자가 대출을 위해 보험을 해약하면, 커다란 손실을 입게 될 뿐만 아니라 사회안전망으로서의 보험 역할이 크게 훼손될 것이다.

더군다나 보험약관대출 현황을 전 금융회사가 공유할 경우 개인의 보험자산(개인자산)을 공개하는 것으로 개인정보보호법을 정면 위배하는 역효과가 발생할 우려도 있다. 또한 제2금융권이 아닌 사금융(사채) 등 제도권 밖으로 서민들을 내몰아 가계 붕괴를 더 촉진시킬 수도 있다.

정부의 가계부채 관리나 축소 정책을 반대하는 것은 아니다. 다만 무리하게 적용하는 것을 문제 삼는 것이다. 서민들이 당장 생활비가 급해 예금·보험·적금부터 해지하게 만들고, 행정편의주의로 대출상품이 아닌 보험상품의 약관대출을 강제로 포함시키면 보험계약자의 정당한 권리는 누가 보장할 것인가? 그래서 걱정이 된다. 빚을 내서 집을 사는 일이 없도록 하겠다는 취지로 보이는 정부의 이 규제 정책이 어느 순간 방향성을 잃은 것처럼 보이는 건 나만의 착각일까?

💲 빈대 잡으려다가 초가삼간 태운다

'빈대 잡으려다가 초가삼간 태운다'라는 옛 속담이 있다. 이는 자기에게 못마땅한 사소한 요소를 없애려고 하다가 자칫 사태가 눈덩이처럼 커지는 것을 의미한다. 결국에는 손해를 본다는 의미다. 우리가 세상을 살다 보면 나도 모르게 이런 우를 범할 때가 있다. 나 역시 마찬가지다.

빈대는 곧 부동산이고, 초가삼간은 국가경제다. 금융당국이 내세우는 대출 규제의 명분은 눈덩이처럼 불어난 가계대출 관리를 위한 것이다. 하지만 전체 대출 가운데 주택담보 대출이 차지하는 비중은 40%에 불과하다. 이러니 '빈대 잡으려다 초가삼간 태운다'는 비판의 목소리가 나올 수밖에 없다. 단기적인 효과를 위해 시장원리를 거스르는 정부정책은 스프링의 효과를 무시했고 오히려 혼선만 가중시키고 있다. 차라리 시장원리에 맡기는 편이 미래를 위해 더 나은 정책이라 생각한다.

대출규제로 민간 건설업자를 조이고, 분양가 인하를 견인하려고 하지만 결국 파생된 문제들은 당초의 목적도 달성하지 못하고 우리 서민들의 삶을 힘들게 만들고 있다는 사실을 직시해야 한다. 벌써 서민들은 불안해하고 있다. 부동산뿐만이 아닌 실물경제를 억제하느라 발로 누르면 어디에서는 문제가 커다랗게 부풀어 어느 순간 펑 하고 터질 수도 있기 때문이다. 시간적 여유를 두고 대안과 해결책을 위해 모두가 나서야 할 때다.

해외 대부업체의
금리규제 방식

유흥업소에서 일하는 20대 중반 여성 양 씨와 조 씨. 그녀들에게 사채업차 박 씨와 이 씨가 접근했다. 그들은 무등록대부업체를 운영하고 있었다. 그들은 양 씨와 조 씨, 두 사람에게 특정 성형외과에서만 수술을 받는 조건으로 돈을 빌려주고 고리로 이자를 챙겼다.
또한 이들과 결탁한 성형외과 원장들 역시 마찬가지. 사채업자들은 양 씨와 조 씨가 돈을 제때 갚지 못하자 폭언과 협박을 일삼으며 불법 추심활동도 했고 여성들의 부모 집까지 찾아가 유흥업소에서 일한 사실을 알리며 대신 돈을 갚으라고 요구하기도 했다.

💲 사채라는 뿌리는 어디서부터 시작되었나

제3금융권으로 불리는 대부업의 뿌리는 사채다. 사채는 이자율에 특별한 제한이 없기 때문에 사채 이용자들이 무는 금리는 연 120~240%에 다다랐다. 폭력적 채권추심행위도 공공연했다. 당시엔 채무자를 협박하거나 폭행하는 것은 물론 신체 포기 각서까지 성행할 정도였다.

서민들의 피해가 만연해지자 당국은 사채업을 법의 테두리 안으로 끌어들여 정식 금융회사로 인정하는 작업에 나섰다. 2002년 10월, '대부업의 등록 및 금융이용자보호에 관한 법률' 시행에 따라 연 66%로 금리 상한이 정해졌다. 제3자에게 채무 사실을 알리는 것이 금지됐다. 일본 시장에서 성장에 한계를 느낀 일본계 대부업체들이 빠른 대출을 무기로 한국 시장에 상륙한 것도 이 무렵이다.

대부업법 시행에 따라 각 시·군·구 지방자치단체에 대부사업을 등록하는 절차가 생겼다. 그러나 시행 후 3개월이 지나도록 등록률은 그렇게 높지 않았다. 당시 재정경제부 자료에 따르면 국세청에 사업자 등록을 한 4,795개 대부업자의 32% 수준인 1,547건에 머물렀다.

정부는 미등록 대부업체들의 등록을 유도하기 위한 당근과 채찍을 동원했다. 경찰과 국세청 조사 외에 각 시·도에 사금융 피해 신고 및 미등록 대부업자에 대한 신고 센터를 설치하고 등록한 대부업체를 조회할 수 있는 시스템을 일반인에게 제공했다. 한편으로는 대부업체들의 단체인 협회에 비영리법인의 설립을 허가해주면서 법적 지위를 높여줬다. 그래도 66%의 이자율로는 적자를 볼 수밖에 없다며 사업을 접거나 불법 사채시장에 남은 대부업체들도 많았다. 이후 법정 최고금리는 2007년엔 49%, 2010년엔 44%, 2011년엔 39%, 2014년엔 34.9%, 2016년엔 27.9%로 계속 인하되었다. 현재의 24%는 지난해 2월 시행되었다. 최고금리는 3년마다 검토해 상한선을 정하게 돼 있어 주기적으로 낮아지는 모양새다. 그때마다 대부회사들은 마진이 남지 않는다며 볼멘소리를 냈다.

💲 최고금리 인하 이후 대부업계

법정의 최고금리가 낮아지면서 중소형 회사들은 대부 사업을 접거나 다른 수익 모델을 찾고 있다. 일본계 대부업체인 S사의 '한국 철수설'이 나돌고 있다. 그 회사가 한국 시장을 포기하고 동남아 신흥국 시장에 집중할 것이라는 풍문도 있다.

대부회사들은 '대출을 하면 할수록 손해'라는 판단에 저신용자 신용대출의 심사 기준을 강화하거나 조용히 중단하고 나섰다. 현재 대부분의 대부업체가 저신용자 신용대출 사업을 접고 있다. 대신 대부업체가 대출 상환 여부를 판단하는 기준에 리스크가 낮은 기대출자거나 기존 금융권에서도 대출이 가능한 중신용 등급(4~7등급)을 갖고 있는 사람을 선호하는 것은 인지상정이다.

💲 연 20%대 최고금리 규제는 일본과 한국뿐

그렇다면 해외 대부업체 시장은 어떨까. 대부분 최고금리 규제가 존재하지 않거나 명목상 이자율이 존재한다. 주요 선진국 중에는 영국과 프랑스, 독일, 일본 정도가 이자율 규제를 시행하고 있다.

미국은 연방 차원에서 법정 최고금리를 규제하진 않지만 일부 주는 최고금리를 정해 놓았다. 특히 '페이데이론Payday Loan' 서비스 산업이 성장 추세인데, 담보 없이 짧은 기간 돈을 빌려주는 대출이 주 상품이다. 주로 집세나 전기요금 등을 내기 위해 사람들이 높은 이자를 지불하면서 소액의 돈을 빌릴 때 이용한다. 이 상품의 연이율은 100%에서 1,000%에 달한다. 우리나라와 비교하자면 허용되는 금리 수준이 높은 편이다. 영국은 하루 이자를 0.8% 이내로 제한하고 있다. 연 환산으로 288%에 해당한다.

이들 나라의 경우 한국의 대부업과 유사한 구조를 갖췄는데, 3개월 미만의 초단기 초고금리 대출인 '페이데이론' 사업자에 한해서만 금리 상한이 적용된다. 프랑스는 최고금리에 연체비용과 위약금, 수수료가 포함돼 있지 않아 실질 최고금리는 29.3%다.

일본은 법정 최고금리가 연 20%까지 내려갔다. 2010년 최고금리를 대폭 인하한 뒤 영세 대부업체의 파산이 이어졌고 연 2,000% 이상의 금리를 받는 불법 사금융 시장이 확대되는 등 후유증을 겪으면서 '실패한 정책'이라는 목소리가 나왔다. 해외의 금리 인하 수준을 보면서 속도조절에 나설 필요가 있다.

벼랑 밖에서 잡아주는
절실한 손길

경기도 시흥시의 한 외딴 농로. 어린이날 새벽, 이곳에 세워진 한 렌터카 안에서 일가족이 숨진 채 발견됐다. 신고자는 렌터카 반납을 담당하는 대리기사였다. 차 안에는 부모로 추정되는 성인남녀가 네 살 아들과 두 살 딸을 각각 껴안고 번개탄을 태운 채 숨져있었다. 뚜렷한 직업이 없던 30대 초반의 부부가 빚에 시달리다가 극단적인 선택을 했을 거라고 경찰은 추정했다. 주물공장에 다니던 남편과 콜센터 임시직이었던 아내는 몇 달 전부터 실업상태였고 그들에게는 빚이 7천여만 원이나 있었다. 그들이 살던 아파트에 찾아간 경찰은 밀린 공과금 고지서와 몇 달 째 내지 못한 우윳값 고지서를 보고 한숨을 내쉴 수밖에 없었다.

포용국가는 기회의 균등과 위험의 분산 없이는 불가능하다. 미래의 기회가 한쪽으로 쏠리고 경제·사회적 변화에 따른 위험을 특정 계층만 진다면 미래를 기대할 수 없다. 혁신도, 더불어 잘사는 성장도 기대할 수 없다. 모든 경제 주체들이 미래의 기회를 성취할 수 있도록 다양한 위험을 흡수하는 토대가 마련돼야 한다. 이런 기능을 하는 게 바로 금융이다.

$ 포용적 금융이란?

포용적 금융은 전 세계적으로 대세다. 2000년대 초반 일부 선진국에서 이른바 '금융포용Financial Inclusion'이라는 개념이 처음 등장할 때는 빈곤층의 금융소외 현상을 치유하는 방안에 머물렀다. 하지만 세계 금융위기를 거치면서 유엔을 비롯한 여러 국제기구의 적극적인 논의로 적용 범위가 넓어지고 개념도 새롭게 정립되었다.

'금융포용Financial Inclusion'은 금융을 필요로 하는 개인과 기업의 금융 접근성을 높이고, 금융 소비자를 포괄적으로 보호하는 것을 핵심 골자로 한다. 세계은행은 홈페이지에서 포용적 금융을 '빈곤을 줄이고 경제적 번영을 촉진하는 열쇠'라고 소개하고 있다.

과도한 금리 차별, 담보 위주의 대출, '비 올 때 우산 뺏기'식 거래 관행 등은 '약탈적 금융'이다. 이 '약탈적 금융'은 금융소외 현상과 양극화를 심화하고, 나아가 거시경제적 위기를 야기한다. 포용적 금융의 구현을 위한 목표로 서민의 금융 부담 완화, 청년과 중·장년 또는 고령층에 대한 맞춤형 지원, 취약 채무자 보호 강화, 금융권의 사회적 책임 강화 등이 있다. 한국의 금융 인프라는 세계 최고 수준이다. 우리나라만큼 외형적으로는 제도 금융권에 대한 접근성이 좋은 나라도 별로 없다. 금융 서비스에 대한 물리적 접근성, 거래의 편의성은 최상이다. 2017년 OECD 기준 금융계좌를 보유하고 있는 성인은 평균 68.5%인데 한국은 무려 94.9%이다. 하지만 금융의 포용성도 그만큼 높을까?

💲 대안신용평가를 통한 포용금융 출시 - 청년 5.5

대안신용평가란 '대체정보alternative data'로 불리는 비非금융정보를 활용해 신용을 평가하는 방식을 말한다. 이는 기존 금융거래 등 금융정보만으로는 대출자의 신용능력을 정교하게 파악하기 어렵고, 사회초년생 등 금융정보가 부족해 평가가 어려운 소외계층이 발생할 수 있다는 단점 때문에 등장한 기법이다.

대안신용평가는 금융정보가 부족해 제도권 금융에서 소외돼 왔던 취약계층에 맞춤형 대출 상품 등 금융혜택을 제공할 수 있다는 장점이 있다. 왜냐하면 현재 금융권의 일반적 대출 방식은 신용평가회사CB에서 책정한 신용등급을 기반으로 이뤄지는데, 신용평가 대부분은 대출·카드·연체 등 금융정보를 통해 이뤄진다. 따라서 금융정보가 부족한 사회초년생이나 주부 등은 시중은행에서의 대출이 어렵고, 이에 고금리와 사금융으로 몰리는 폐단 등이 있었다. 대안신용평가 방식의 등장은 빅데이터 분석과, 정형·비정형 데이터의 활용 등이 가능해짐에 따른 것이다.

이에 따라 새로운 방식의 신용리스크 평가를 제안하는 핀테크 업체들이 시장에 속속 등장하고 있는데, 해외에서는 이미 관련 회사들이 활발히 활동하고 있다. 대표적으로 미국의 파이코FICO와 렌도Lenddo를 들 수 있다. 파이코FICO는 통신료, 지불결제 이력 등을 활용한 신용위험 측정모형을 적용해 금융정보가 부족한 개인들의 신용점수(파이코 스코어)를 산출하며, 렌도Lenddo는 SNS 친구나 포스팅 등 260억 개 데이터를 머신러닝(학습)으로 분석해 일종의 평판

점수인 렌도 스코어를 매긴 뒤, 이를 통해 고객의 금융 신용도를 평가한다.

낮은 신용등급에서 시작해 높은 이자율을 감당해야 하는 대학생이나 직장을 다닌 적이 없는 청년들에게 도움이 될 것으로 전망되는 가운데 금융위원회의 혁신기업 지정대리인으로 선정된 핀테크 업체 크레파스솔루션(대표 김민정)이 2019년 1월, '청년 5.5'라는 개인 간 거래(P2P) 기반 대출 플랫폼을 출시했다. 20~39세 청년이 대출을 신청하면 심사를 거쳐 투자 상품 형태로 플랫폼에 선보이는 방식으로, 대출 금리는 '중간의 중간'이라는 의미를 담아 연 5.5%의 금리로 대출을 해준다. 2019년 11월 30일 기준 해당 플랫폼에서 서비스를 이용한 누적대출금액은 3억여 원에 달하며, 총 대출자 수는 180명, 부실률은 0인 상태라고 한다. 이제 첫발을 내디딘 상태이지만 진정한 포용금융의 새로운 모델이 되길 기대해 본다.

💲 착한금융 실천하는 무담보 무이자 대출
- (사)더불어사는사람들

신용등급도 얼굴도 안 보고 무담보·무이자로 대출해주는 착한 금융업체, 사단법인 더불어사는사람들(대표 이창호)이 화제가 되고 있다. 1978년 신용협동조합연합회에서 교육을 받고 협동조합 설립을 꿈꿔왔던 이창호 대표의 무이자대출의 꿈이 이루어지고 있는 것이다. 2011년 설립 이후 2019년 11월 말 기준 2,685건의 대출이 진행되었고 누적대출액은 9억 1,300만 원에 달한다. 채무자 1인당 대출액은 30만 원에서 100만 원이다.

전화 한 통으로 돈을 빌려주는데 얼마나 갚을까? 무려 85%가 돈을 갚는다고 한다. 정말 상식적으로 이해하기 힘든 일이다. 그렇다고 돈을 빨리 갚으라고 독촉하지도 않는다. 채무자가 걱정이 되어 가끔 안부를 묻고 더 도와줄 게 없는지를 알아볼 뿐이라고 한다. 그 정도의 돈을 누가 빌릴까 생각되지만 재원이 부족해서 아쉬울 뿐이라고 한다. '더불어사는사람들'은 돈만 빌려주는 게 아니라 틀니 값이 없어 찾아온 분에게 치과를 수소문해서 무상진료를 도와주기도 하고, 어깨를 다친 분에게는 무료 진료병원을 찾아 연계시켜 주기도 한다. 안경이 필요한 분, 컴퓨터가 필요한 분 등등에게 발로 뛰면서 어디서든 구해서 삶의 용기를 북돋아 준다. 금융과 복지를 동시에 사랑으로 실천하는 착한금융의 모델로 발전하길 기원해 본다.

💲 한국금융솔루션 핀셋(Finset)

핀셋은 금융위로부터 혁신금융서비스 제공회사로 지정되었으며, 개개인의 금융정보를 바탕으로 모두가 쉽게 접근하고 편하게 관리받는 금융서비스를 제공한다. 어렵고 귀찮아서 놓치고 있던 나의 금융 권리를 찾도록 도움을 주어 차별 없이 금융 혜택을 받는 데 도움을 주는 것이다. (홈페이지 https://www.finset.io)

무료로 신용등급 및 부채현황 조회, 관리도 가능한데 현재 상환 중인 부채내역을 한 번에 조회하고, 납부일자를 잘 관리할 필요가 있다. 또한, 대출을 받고자 할 때는 공인인증서만 있으면 나의 대출가능 한도, 이자율 등 대출조건도 알아볼 수 있다.

⑤ 서민금융 4대 대출상품

신용도가 낮고 소득이 적은 계층일수록 금리와 수수료 등 거래 비용 부담이 크다. 소득 하위 40%의 성인 가운데 금융기관 대출을 이용하는 비율이 선진국은 평균 16%이다. 한국은 12%로 조사됐다. 제도 금융권의 문턱을 넘는 일이 개인에겐 너무나 어려운 것이다. 고금리 대출이나 사금융 이용자들은 빚으로 빚을 계속 메우다가 결국에는 채무상환 능력을 잃고 만다. 이럴 경우 재기할 힘과 의욕을 상실할 위험이 크다. 포용적 금융정책은 이런 위험에 이미 노출됐거나 빠질 가능성이 있는 계층을 발굴하고 치유하는 데에 있다.

우리는 이들의 금융 부담 완화를 위해 정책 서민금융의 공급을 확대하고 있다. 정책 서민금융은 휴면예금과 휴면보험금, 기부금, 복권 기금과 금융회사 출연금 등으로 조성한 4대 대출상품(미소금

융·햇살론·새희망홀씨·바꿔드림론)을 말한다. 여기에 2019년 9월부터 신
용등급 6등급 이하 저신용자들에게 연리 17.9%로 7백만 원까지
빌려주는 새로운 정책 서민금융 상품 '햇살론17'도 나왔다.

💲 중금리 대출 확대

　포용적 금융의 확대 방안 가운데 하나가 금융회사의 중금리 대
출 확대를 유도하는 것이다.

　금융회사의 중금리 대출은 서울보증보험 보증이 따라붙는 사잇
돌 대출과 금융권 자체적으로 운영하는 신용대출로 구성된다. 담
보 제공 능력이 없고 신용등급이 3~7등급인 개인이나 영세 자영
업체에게 빌려주는 중금리 대출은 금융 당국이 2018년부터 취급
금융회사에 여러 가지 인센티브를 제공하고 한도도 늘려주면서 만
들어지기는 했다. 하지만 그 효과는 생각보다 크지 않은 것이 사실
이다.

　정부의 인센티브 정책에도 불구하고, 중금리 대출의 주요 공급
기관인 상호금융, 저축은행, 카드사 등의 금융권 반응은 그다지 뜨
거운 편이 아니다. 하지만 일본의 사례를 보면 중금리 대출도 충분
히 황금알까지는 아니라도 메추리알 정도는 낳을 틈새 사업이 될
가능성이 있다. 일본의 경우 지난 2000년대 후반 금융당국이 대금
업법을 개정하여, 대금업의 금리상한을 일정수준 낮춘 바 있다. 그
런데 일본의 금융기관들은 보증업체의 신용보강을 통해 중금리 대

출차주의 신용위험을 회피하는 방안을 마련하였다. 비록 보증수수료 비용이 발생했지만 말이다. 중금리 대출인하요건이 보증수수료 지급을 감안하더라도 충분한 이익마진을 창출할 수 있었기에 중금리 대출시장은 예상외로 흥행할 수 있었다.

다만 중금리 대출차주에 대한 체계적 위험관리방안을 잘 세울 필요는 있다. 중금리 대출차주의 정확한 신용평가를 위해서는 충분한 수준의 개인신용정보를 확보하고 신용평가 시스템을 고도화하는 것도 필수적이다. 이제 신용정보법이 개정된 만큼 좀 더 다양한 정보를 활용하여 포용적 금융을 확대할 필요가 있다. 그러나 포용적 금융은 정부가 주도할 수도 없고 주도해서도 안 된다. 금융기관 스스로 포용적 금융이 자신의 이익에 부합한다는 것을 인식할 수 있도록 금융시스템과 시장 환경을 조성하는 것이 정부의 할 일이다. 포용적 금융은 금융기관의 시혜적 사회공헌 확대가 아니라 금융의 본래 기능과 역할에 충실하여 금융 소비자에게 다양한 금융서비스를 효과적으로 제공하는 데 집중해야 한다. 앞에서도 말했듯이 금융기관은 현재의 연체자가 미래의 고객이라는 발상의 전환을 해야 한다.

빚 때문에 제발 죽지 말고
상담받아라

하루에 인터넷에 꼭 한두 번씩 '자살'이라는 단어를 검색할 만큼 심신이 지쳐있는 30대 주부 송 씨. 고통의 시작은 빚이었다. 월세살이 설움에서 벗어나고자 했던 송 씨. 송 씨의 가족은 국민임대 아파트에 운 좋게 당첨되어 비교적 적은 월세를 부담하며 살았다. 행운은 다시 이어졌다. 살고 있던 임대아파트에 대해 분양 권리를 우선으로 갖게 되는 행운까지 겹쳤다. 아파트 월세 15만 원에서 겨우 25만 원만 더 추가하면 임대 아파트가 내 집이 되는 것이었다. 하지만 행복했던 송 씨의 행운은 그리 길지 않았다.

남편의 회사 사정으로 임금 체불이 발생하면서 모든 것이 어긋나 버렸다. 단 3개월의 임금 체불이 겹경사와 같았던 행운을 더없는 불운으로 바꿔놓았다. 어머니의 어깨 관절 수술 비용이 부족해 쓰기 시작한 카드론이 카드 돌려막기에서 리볼빙, 저축은행의 고금리 대출로 이어져 결국 연체자가 된 것이다. 하루에도 수십 통씩 걸려오는 전화기를 바라보면서 매번 경기를 일으키는 송 씨. 이제는 물을 마셔도 갈증이 날 지경이었다. 성격도 점점 까칠하게 변해갈 수밖에 없었다. 그녀는 오늘도 자살충동을 느끼며 집 안에 틀어박혀 있다.

💲 사채, 가장 무서운 금융암

지금 당장 빚을 갚지 못하는 가구만 150만여 곳 가까이 된다. 하루에 30명이 넘도록 발생하는 자살자들 가운데 상당수는 경제적 문제를 안고 있다. 가계부채는 이제 단지 개인과 각 가정의 문제만이 아닌, 사회를 장악한 가장 무서운 암으로 자리매김했다. 물론 채무자들 가운데 빚을 지고도 일부러 갚지 않고 파산과 회생 등을 노리는 '도덕적 해이'도 일부 포함되어 있겠지만, 빚이 너무 과도해서 갚을 의지조차 꺾인 경우가 대다수라고 필자는 생각한다.

아울러 문제는 또 있다. 이런 사람들을 위해 우리나라 정책 당국에서는 빚을 일정 부분 줄여서 그들의 한도 내에서 최대한 변제할 수 있도록 많은 개인회생 관련 제도를 두고 있지만, 이러한 정책이 있다는 사실조차 모르는 사람들이 너무나 많기 때문이다. 서민금융 관련 기관은 대부분 사정상 교통이 편리한 대도시 지역에 있다. 사실상 시골과 낙후된 지역에 있는 어려운 서민들은 이 서비스를 받을 기회조차 누리지 못하는 상황이다.

💲 내 곁에 늘 '가정경제주치의'가 상존해야 한다

서민들에게 전문 금융 서비스를 바로 가까이 일선에서 제공할 수 있는 일선 상담원들이 있다면 얼마나 좋을까? 아플 때 무조건 대학병원에 가기보다 전문성을 신뢰할 수 있는 일선 클리닉에도 가는 것처럼 '가정경제주치의'가 빚에 쪼들리는 환자의 재무상태, 채무현황, 소비습관 등을 진단하고 '지역사회'의 연대와 공감 속에서 환자가 올바르게 다시 재기할 수 있도록 돕는 일을 하게 되면 현실은 많이 달라질 것이다.

💲 가정경제주치의의 자격

가정경제주치의가 되기 위해서는 어떤 자격이 필요할까. 금융 관련 자격증을 갖추고 있거나 일선 서민금융진흥원에서 운영하는 마이크로크레딧 전문가 과정 등을 이수한 개인에 한해 서민금융연구원이 교육을 진행하고 있다.

2019년 4월부터 필자가 몸담고 있는 한국FPSB는 금융인들이 꼭 갖고 싶어 하는, 반드시 가져야 하는 재무컨설팅자격증을 인증하고 관리하는 비영리사단법인이다. 선진국 23개가 가입된 글로벌 조직이자 앞으로 크게 잘 키워보고 싶은 조직이다. 한국FPSB에서는 국제공인재무설계사를 배출하는 일도 하고 있다. 합리적인 재무설계가 자신의 재산을 가지고 꿈을 실현시키는 지름길이라는 생각을 전파하는 일도 하고 있다.

서민금융과 연관성이 높은 재무설계 인증기준을 만들고 재무설계사를 양성하는 한국FPSB와 서민금융연구원은 상호 연계성이 많은 조직이다. 그래서 두 기관이 이뤄나갈 좋은 시너지 효과를 기대하고 있다.

국내 최초
대부업·사금융 이용행태 조사

조선업 불황으로 장사가 안 돼 가게 유지비조차 안 나오자 1년 전 사채를 빌려 쓴 40대 후반 김 씨. 김 씨는 그게 화근이 될 줄은 꿈에도 몰랐다. 원금 500만 원이 이자를 합쳐 2천만 원으로 불어났다. 가게의 하루 매출이 약 20만 원인데 일수로 15만 원을 내고 나면 생활비조차 부족했다. 얼마 전 빚 독촉에 시달리다 극단적인 선택을 생각하기도 했다. 하지만 고등학생 두 아들을 보며 가까스로 마음을 다잡던 참이었다. 하루하루 불어나는 일수 이자가 숨통을 조인 그는 구제 방법을 물어볼 곳을 마땅히 몰라서 괴로움을 그저 감내할 뿐이었다.

💲 대부업체서도 돈 빌리기 어렵다

서민금융연구원이 2018년 11월에 최근 3년간 대부업이나 불법 사금융을 이용한 경험이 있거나 이용 중인 성인을 대상으로 설문조사를 실시했다.

이용현황은 다음과 같았다. 3,792명(남성 2,250명·여성 1,542명)을 대상으로 설문조사를 실시한 결과 69.2%가 대부업체를 이용하고 있다. 30.8%는 사금융을 경험했으며, 대부업체와 사금융 모두 이용 중인 비율은 13.1%, 사금융만 이용했다는 응답은 6.2%로 집계(이하 복수응답)됐다.

연령대별, 직업별, 소득별 이용비율은 다음과 같다. 세부적으로는 20대와 30대가 각각 72.3%, 72%로 가장 많았으며 직업별로는 회사원과 주부가 72.2%, 70%로 큰 비중을 차지했다. 대부업체와 사금융을 모두 이용하고 있다고 응답한 사람 중 자영업자는 18%였으며 월평균 소득 4백만~5백만 원인 이용자가 15.1%, 6백만 원 이상 고액 연봉자도 13.6%에 달했다. 이들이 대부업체를 이용하는 이유로는 다음과 같은 이유들이 있다. 대부업체 이용 이유로는 '필요자금을 금융기관에서 충당할 수 없기 때문(63.5%)', '신속한 대출(26%)', '어디서 돈을 빌려야 될지 모르는 상황에서 광고·전화·문자 등을 보고(23.2%)' 순으로 나타났다.

특히 신용등급 7등급 이하인 경우에는 제도 금융회사에서 대출은 거의 불가능했다. 그러나 대부업법 개정에 따라 연체이자율 규제조항 신설 및 일몰제 삭제 등 법정최고금리 인하 후 많은 금융이용자들이 대부업체에서 돈을 빌리지 못하고 있다. 지난해 대부업체 대출신청 거절 비율은 54.9%(2017년 31.7%, 2016년 16%)로 급증했다.

💲 대출 거절 후 행보

대부업체에서 대출신청을 거절당하자 14.9%가 불법 사금융을 이용했고, 14.6%는 개인워크아웃 또는 개인회생 파산 신청을 했다. 대부자금을 융통한 이용자들의 용도로는 '주거관리비 등 기초생활비(64%)'가 가장 많은 비중을 차지했다. 생활에 필요한 최소 자금을 대부업에서 빌린 셈이다. 이어 '신용카드대금 등 다른 부채

돌려막기⁽⁴⁴%⁾', '창업 등 사업자금⁽¹¹·²%⁾', '병원비⁽¹⁰·⁹%⁾', '자녀교육비⁽⁸%⁾', '내구재 및 주택구입⁽⁴·⁸%⁾' 순이었다. 대부자금으로 '주식투자 등 재테크⁽³·³%⁾', '여행·쇼핑·레저비용⁽²·¹%⁾', '유흥비 마련⁽¹·⁹%⁾', '도박 및 투기⁽⁰·⁹%⁾' 등 불필요한 목적은 미미했다. 설문조사 보고서는 서민금융연구원 홈페이지⁽krifi.or.kr⁾에서 볼 수 있다.

재무설계,
서민에겐 선택 아닌 필수

여대생 임 씨는 지난 학기 카드빚을 막기 위해 아등바등하던 때만 생각하면 아직도 끔찍하다. 풍요로운 가정에서 온실 속의 화초처럼 자란 그녀는 남부럽지 않게 돈을 펑펑 쓰며 살았다. 일주일에 한두 번은 고급 레스토랑에서 파스타를 먹거나 커피를 마시고, 친한 친구들과 '명품계'를 하면서 돈을 몰아주기도 했다. 상황이 바뀐 건 지난해 10월 아버지가 퇴직하면서부터다. 용돈을 풍족하게 받던 입장이 순식간에 바뀐 것이다. 처음에는 하늘이 무너지는 심정이었다. 카드로 사놓고 매달 35만 원씩 빠져나가던 명품 가방과 선글라스, 구두 값이 3개월이나 더 남은 상황이기 때문이었다. 게다가 용돈까지 벌려면 아무리 아껴도 한 달에 60만 원 이상 벌어야 했다. 올해 등록금도 고스란히 임 씨의 몫이었다. 임 씨는 등록금과 카드빚 해결을 위해 일주일에 3개의 과외를 했다. 학교 수업을 마치고 과외 2시간을 하고 나면 임 씨는 파김치가 됐다. 그나마 깨달은 것이 많다는 것은 젊은 그녀에게 큰 자산이 되었다. 직접 돈을 벌어보니까 그동안 자신이 얼마나 낭비하며 살았는지 알게 된 임 씨. 그녀는 화초에서 잡초가 된 처지였다. 하지만 이 정도는 충분히 극복할 수 있다고 스스로를 위로하며 과외하는 학생 집으로 발길을 옮겼다.

💲 재무설계, 서민에겐 선택 아닌 필수

재무설계는 돈 있는 부자들만의 전유물이 아니다. 대단한 인생은 아니더라도 평범한 인생을 제대로 행복하게 살기 위해서라도 자신의 부채와 자산을 정확히 알고 각자에게 맞는 방법으로 잘 정리하는 노력이 필요하다.

💲 우선 자신의 재무상태를 정확히 파악해야 한다

자신의 월 급여, 그리고 기타 수입을 정확히 파악하고 고정적으로 나가는 지출과 비 고정적으로 발생하는 지출을 알아야 한다. 지출과 소득을 파악했다면 자신이 가지고 있는 기타 자산을 파악해야 한다.

한마디로 자신이 가진 자산과 수익 그리고 지출을 명확히 알아야 돈을 계획적으로 쓸 수 있고, 모을 수도 있다. 나아가 자신의 채무 중 금리가 높은 것이 있다면 이것을 먼저 갚아야 할 것으로 보고 우선순위를 만들어 높은 이자로 갚아야 할 것을 없애는 것을 목표로 갖는다면 체계적으로 자신의 자산을 관리할 수 있다. 예를 들어 고금리를 받아 이자와 함께 원금을 갚으면서 저금리로 적금을 들었다면, 적금을 유지하는 것보다 차라리 고금리로 받은 원금을 우선 갚는 것이 자신에게 이익이므로 자신의 자산을 꼼꼼하게 작성하기를 추천한다.

💲 빚을 갚는 순서를 정해야 한다

쉽게 생각하면 고금리 갚는 것을 우선시해야 한다. 이자가 눈덩이처럼 금세 늘어나 심적으로도 부담을 느낄 수 있으므로 고금리 대출을 우선 갚는 것이 최선이다. 또한 신용카드의 이자도 만만치 않다. 매달 내야 하는 돈으로 생각하면 적은 돈이지만 결코 낮은 이자가 아니므로 신용카드 사용액과 신용카드를 기반을 받은 현금서비스를 우선 해결하는 것이 좋다. 그다음으로 제2금융권 이자도 제1금융권 은행보다 높으니 먼저 갚는 것이 좋다. 다시 정리하자면 사채를 우선 갚아야 한다. 두 번째로 현금서비스, 세 번째로 카드 값, 그 다음이 신용(담보가 없이 신용을 기반으로 한), 마지막으로 주택담보 순으로 갚는 것이 좋다. 이런 순서로 갚으면 높은 이자로 인해 원금조차 갚지 못하는 상황을 피할 수 있다.

⑤ 신용 = 돈이다

은행에서는 이자를 결정할 때 고객의 신용도를 볼 수밖에 없다. 이 사람이 얼마나 성실하게 돈을 갚을 수 있는지의 척도는 이 사람이 그동안 얼마나 성실하게 살아왔는지에 깊게 연관되어 있다. 때문에 신용도를 확인한다. 만약 신용도가 높으면 금리를 낮게 받을 수 있다.

예를 들어 개인 신용 평가 1등급 고객의 경우 신용 금리는 연간 6~7%인 반면 8등급인 고객의 경우 11~12%인 셈이다. 신용 등급을 높게 받기 위해서는 각종 카드나 통신요금이 연체되지 않도록 해야 한다. 하지만 무엇보다 주거래 은행과 집중적으로 거래하는 것을 추천한다. 자신의 급여 이체나 신용카드 사용, 주택청약 통장 등 다양한 금융상품을 한 은행에서만 거래한다면 주 은행과의 신용도를 높일 수 있다. 또한 대출을 받을 시, 자신의 신용 등급에 따라 더 낮은 금리를 받을 수 있으므로 회사에서 승진을 했거나 연간

소득이 더 올라갔거나 할 때는 주거래 은행에 이를 알리고 금리를 조금이라도 깎아야 한다.

　제일 좋은 것은 빚을 지지 않고 없으면 없는 대로 사는 것이다. 하지만 우리의 인생이 자신의 뜻대로만 흘러가진 않는다. 빚을 받아야 할 경우 절약하며 빚을 갚아나가면 좋겠지만 그게 어렵다면 다양한 방법 중에 자신에게 잘 맞는 방법을 찾아 해결하는 것도 빚 탈출의 가장 좋은 방법이라 생각된다.

$ 재무설계, 공인된 재무설계 전문가에게 맡겨라

"여러분 부자 되세요~!"

　지난 2000년 초반 유명한 TV 광고에서 여자 모델이 외치던 말이다. 그 당시 우리나라는 IMF 구제금융의 암담했던 터널을 막 빠져나와 재도약을 꿈꾸기 시작하던 시기로 정부는 그동안 위축됐던 경기를 부양한다는 취지에서 각종 금융 규제를 완화했고, 내수 활성화와 세금 투명화를 명분으로 신용카드 사용을 장려했다. 이에 카드 시장이 커지면서 거리에서 카드발급신청서를 작성하는 광경이 흔해졌고, 사람들은 소득 유무를 불문하고 신분증만 있으면 신용카드를 만들 수 있었다. 그러나 이러한 행태는 그로부터 2년 뒤 약 400만 명의 신용불량자를 낳았고, 신용카드사는 물론 가계의 신용위험을 최악으로 몰고 간 이른바 '카드 대란'의 도화선이 되었다.

사실 사람들은 돈이 많았으면 하지만 실제로 목돈이 생기면(신용카드 역시 돈이 많아진 것 같은 환상을 낳는 점에서 동일) 돈을 어떻게 다루어야 하는지 우왕좌왕하다가 돈도 신용도 모두 잃게 되는 우를 범하기 쉽다. 최근 인구의 14%에 달하는 제1차 베이비부머들이 은퇴를 하고 있는데, 30여 년의 직장생활에서 퇴직하는 평범한 직장인들은 통장으로 들어온 퇴직금을 보고 '겁이 난다'는 표현을 한다. 지금까지 그렇게 큰돈을 생활비 규모로 사용해 본 적이 없고, 앞으로 이 돈으로 생을 살아가야 한다는 막다른 상황에서 느끼는 두려움이라고 할 수 있을 것이다.

또한 우리나라 금융소비자의 금융 이해력 수준은 OECD 평균 이하로 나타나고 있다. 한국은행과 금융감독원이 실시한 '전국민 금융 이해력 조사(2018)'에 따르면 우리나라 금융소비자의 금융 이해력 평균 점수는 62.2점으로 OECD 평균(64.9점)보다 더 낮은 것으로 조사되었다. 금융 시장과 상품은 날로 복잡해지고 있는 상황에서, 금융이해력은 낮다 보니 "어떻게든 되겠지"식의 무분별한 소비나 투자 형태가 만연하여 가계 재무 상태의 건전성을 하락시키고 있는 실정이다.

그런데 문제는 금융서비스 공급사이드에서도 존재한다. 최근의 DLS(파생결합증권), DLF(파생결합펀드) 사태나 국내 유명 자산운용사의 펀드환매중단 사태에서 보듯이 그나마 신중한 금융소비자들이 믿을 만한 금융회사를 선택하여 돈을 맡겼으나 막상 뚜껑을 열어보니 판매자조차도 그들이 판매하는 상품을 정확히 이해하지 못하고 있는 것이었다.

이러한 상황임에도 모든 면에서 철저한 자기책임주의는 더 가속화되고 있다. 자신의 투자와 자산 그리고 노후 및 삶에 대한 자기책임 말이다. 그런데 통계청에서 발표한 '2019년 2/4분기 가계동향 조사'를 보면 우리나라 가계부채는 1,550조 원을 돌파하며 사상 최대를 기록했고, 소득양극화 역시 최악을 기록한 것으로 나타나고 있다. 양극화란 불평등의 심화를 말한다. 이제는 개인의 행복을 위해, 그리고 사회적 가치를 위해 이러한 현상을 깨뜨릴 무언가가 시급히 필요한 시점인데 그 해답은 '재무설계'가 될 수 있다.

건강이 중요하기 때문에 정기적으로 전문가에게 검진을 받는데, 돈이 중요하다면서 왜 전문가를 찾아가지 않는가? 학계에서는 사람들이 자기과신 경향이 있기 때문에 스스로 자산관리를 잘한다고 생각하여 그렇다고 하는데, 앞에서 본 것처럼 모든 사람들은 행동재무학적 오류를 가지고 있으며 객관적 금융지식 수준도 높지 않아 전문가에게 맡기는 것이 합리적 자산관리 측면에서 타당하다.

우리나라 성인들의 하루 일과 중 과연 얼마나 금융시장이나 상품에 대해 시간을 할애하는가? 그 급변한다는 영역에 대해 말이다. 이제 자산관리는 전문가에게 맡기고 우리는 우리 삶을 풍요롭게 만드는 데 더 많은 시간을 할애하자. 이 방법이야말로 우리의 삶과 돈이 함께 풍성해지는 유일한 방법임에 틀림없다.

한편 이를 위해서는 정책적 전환이 동반되어야 한다. 그동안의 금융소비자에 대한 정책방향은 금융 이해력 향상과 정보 불평등 해소라는 측면만 강조해 온 것이 사실이다. 그러나 궁극적으로 지향하는 바는 지식이 풍부하고 똑똑한 금융소비자를 만드는 것이 아니라 가계 복지 증진에 그 방점이 있다. 스스로 진단하고 해결할 수 있는 역량을 기르는 데만 중점을 둘 것이 아니라 금융소비자들이 필요할 때 상시로 재무설계상담을 받을 수 있는 환경조성이 필요하다. 이를 위해 학교 교육이나 금융소비자 대상 교육에서 재무설계의 필요성과 재무설계사 선택 방법 등 금융소비자 입장에서 재무설계를 소비하는 방법에 대한 내용을 포함해야 한다.

실무적인 측면에서는 지금보다 훨씬 다양한 금융상품들이 제공되어야 할 것이다. 우리나라의 금융상품은 상품 가격에 이미 판매에 따른 수수료가 포함되어 있어 유료 재무설계의 경우 금융소비자는 판매수수료와 상담수수료를 이중으로 부담하는 결과를 초래한다. no-load 펀드와 같은 판매수수료가 부과되지 않는 상품들이나 수수료 구조가 다양한 금융상품들이 출시되어 금융소비자의 부담을 최소화하고, 재무설계 서비스를 제공하는 재무설계사들도 서비스에 대해 정당한 보상으로서 상담수수료를 요구할 수 있는 환경이 조성되어야 한다. 현재 국회에 계류되어 있는 '금융소비자 보호법'이 제정되면 금융상품자문업이 제도화된다.

'서민금융'이라는 용어의 탄생비화

2000년대 초반, 고수익보장 유혹의 유사수신으로 인한 피해예방업무, 고리사채피해 상담업무, 카드깡 등으로 인한 피해예방 업무 등을 담당한 금융감독원의 조직 이름은 '비은행감독국 비제도금융조사팀'이었다. '비제도금융'이라는 용어 자체는 다소 소외감을 불러일으키는 부정적인 뉘앙스를 갖고 있었기에 그리 썩 마음에 들진 않았다. 하지만 그렇다고 그 말을 대체할 만한 다른 용어가 있는 것도 아니었다.

한참을 고민을 하던 어느 날, 필자는 부정 더하기 부정은 긍정이라는 말을 떠올렸다. 기왕이면 좀 더 긍정적이고 고상한 이름을 붙이기를 희망하면서 용어를 대신할 만한 말을 여러 개 떠올렸다. 사고도 전환해 보았다. 고리사채나 유사수신 사기로 피해를 당하는 상대를 생각하니 금세 해답이 나왔다. 피해자는 대부분 어려운 서민들이다. 그러면 서민을 도와주는 금융이니 중소금융 내지 서민금융이라고 명명하면 어떨까? 고민 끝에 비제도금융조사팀이라는 명칭을 서민금융지원팀이라고 변경하게 되었다.

이때 이후부터 '서민금융'이란 용어는 금융권에서 보통명사처럼 쓰이게 되었다. 2008년에는 금융감독원의 서민금융지원국으로 확대되고 훗날에는 서민금융지원업무에서 분리된 불법금융대응단으로까지 확대되게 된다. 이렇게 적절한 용어가 좀 더 빨리 탄생되었다면 어땠을까. 그랬다면 서민 중심의 금융정책이 더욱 성숙되지 않았을까.

서민금융에 대한 연구가 필요하다

37년 동안 한국은행과 금융감독원 등에서 공직생활을 해온 내가 2016년 퇴직 후 서민금융에 더 집중하게 된 계기는 한 가지 의문점이 해소되지 않아서였다. '왜 서민들을 위한 전문연구기관이 없을까' 하는 질문이 계속되었던 것이다. 은행들이 참여하는 한국금융연구원, 증권회사들이 참여하는 자본시장연구원, 보험회사들이 참여하는 보험연구원 등 각 권역별로 연구기관을 갖고 있는데 서민들의 영역에는 별도 연구기관이 없었다.

왜 그럴까, 생각하다가 곰곰이 생각하니 돈이 되지 않는 영역이니까 없었다는 당연한 결론에 이르렀다. 서민들을 도와서 무슨 돈이 되겠는가? 그러다보니 선뜻 나서는 사람도 없는 건 당연지사다. 수억 원대의 연봉을 받는 여타 연구기관을 놔두고 누가 서민금융연구원에 총대를 메고 나서겠는가? 그러다 보니 소외받고 살아온 서민들은 도외시하고 가진 자들을 위한 연구에만 몰두해 온 셈이다. 그러니 서민들의 생활은 좋아지기보다는 날이 갈수록 어려워질 수밖에 없었다.

뒤늦게나마 서민금융에 관한 연구를 해보겠다고 나서기는 했지만 걱정이 앞서는 것도 사실이다. 부자 금융협회들처럼 연간 수백억 원의 예산으로 연구활동을 하기도 어려울 테고, 돈이 안 되면 유능한 전문가들을 모시기도 어려울 것이다.

주변에 많은 지인들이 어떻게 운영할 거냐고 걱정을 많이 해주신다. 참으로 고맙지만 어차피 필자 인생은 지하 단칸방에서 시작한 인생이다. 시작은 보잘것없이 왜소하지만 뜻을 같이하는 분들이 많으니 잘되리라 생각한다. 서민들이 웃어야 나라가 산다. 오뚝이처럼 뚜벅뚜벅 가다 보면 하늘도 돕지 않을까 생각하며 오늘도 힘차게 뛰어본다.

일선 서민경제를 돕는 최고의 클리닉 서민금융연구원은 열악한 환경에서도 우리 사회의 소외계층을 위해 활동해 온 전문기관들의 역량을 한데 모아 채무탈출을 넘어 재무설계를 지원함으로써 중산층이 도약할 수 있는 기회를 제공하고 싶다.

필자는 궁극적으로는 서민금융연구 자체가 필요 없는 나라를 만들고 싶다. 질 좋은 서민금융 데이터가 풍성하게 쌓여있어서 더는 서민들이 금융을 잘 몰라서 힘들게 살지 않는 대한민국이 되었으면 좋겠다.

우리는 자녀들에게 돈을 잘 쓰는 요령부터
빚의 위험까지 교육을 시키고 있을까?
되새겨 볼 필요가 있다.

PART 7

금융교육,
어떻게 이루어지나

금융을 알지 못하는 '금알못' 청년들에게
자제력 없는 당신! 당장 신용카드를 잘라라!

조성목의 금융 이야기

· 유대인의 철저한 금융교육

금융을 알지 못하는
'금알못' 청년들에게

한계 상황에 몰린 일부 청년은 현금 몇 푼을 쥐기 위해 스스로 금융사기에 가담하기도 한다. 25살의 염 씨가 그랬다. 작년 지인으로부터 '대행 알바'라는 카카오톡 대화명을 쓰는 아르바이트 주선자를 소개받았다. 염 씨는 "계좌로 100만 원씩 입금되면 10만 원짜리 상품권을 10장씩 구매한 뒤 상품권 핀 번호를 알려 달라. 그러면 아르바이트비 3만 원을 주겠다."라는 카카오톡 메시지를 받았다. 염 씨는 자신의 계좌번호를 알려줬고 세 차례에 걸쳐 상품권 구매 심부름을 했다. 계좌가 나쁜 일에 악용될 것이라는 사실을 어렴풋이 짐작했지만, 아르바이트비에 혹한 것이다. 염 씨의 계좌는 보이스피싱에 쓰였다. 그는 결국 피해자로부터 형사 고발을 당해 사기방조 혐의로 경찰에서 수사를 받아야 했다.

💲 의외로 금융을 모르는 젊은층

요즘 젊은 사람들은 인터넷에도 능숙하다. 금융지식도 잘 알고 있을 거라 생각하는데 꽤 많이들 모르고 있다. 금융감독원이 조사한 우리나라 청년(18~29세)들의 금융 이해력 점수는 61.8점이었다. 이는 60대 이상인 고령층(59.6점) 다음으로 낮은 수준이다. 경제협력개발기구(OECD)의 평균 점수는 64.9점이다. 고령자만큼 보이스피싱 범죄를 많이 당하는 연령층도 의외로 20대 사회초년생들이 많다. 우리나라는 정말 자라나는 세대나 젊은이들에게 체계적인 금융교육을 전혀 하지 않고 있다.

　　교육 내용이나 방식에 대한 가이드라인이 없다 보니 단순한 용돈 교육, 금융상품 안내, 재무교육에 그치고 있다. 금융교육의 실효성을 높이기 위해서는 특정 기관이 주도해 일관된 교육 기준을 만들어야 하는데 그런 단체가 별로 없다. 재테크나 재무설계 같은 교육도 중요하지만 돈 없는 청년들에게 금융사기 피해를 예방하는 실질적인 금융교육이 필요하다. 그리고 위법적으로 쉽게 돈을 벌면 오히려 된통 당할 수 있다는 점도 교육해야 한다.

　　학자금 대출, 생활비, 월세 등으로 자금난에 빠진 절박한 청년들은 불법 대출이나 각종 금융사기에 노출되고 있다. 금융감독원에 따르면 지난해 2~30대 대출빙자형 사기 피해액은 544억 원이다. 2017년(391억 원)보다 39.1% 늘었다. 고령층인 60대 이상(453억 원)

보다 오히려 2~30대의 피해액이 컸다. 불법 대출이나 금융사기의 유혹에 빠져드는 결과는 참혹하다. 최악의 경우 범죄에 연루돼 피의자 신분으로 전락하기도 한다.

청년들이 가장 쉽게 빠져드는 불법 대출 형태로는 '작업 대출'과 '내구제 대출'이 꼽힌다. '작업 대출'이란 신용등급, 소득 등을 조작해 대출을 받는 것이다. 내구제 대출은 '내가 나를 구제한다'는 뜻도 있다. 이미 대출 연체가 발생한 청년들의 경우 제2금융권이나 대부업체를 가 봐도 돈 빌릴 곳이 없다. 그렇다 보니 결국 인터넷을 뒤지다가 작업 대출, 3050 대출 등 각종 불법 대출에 노출된다. 이런 불법 대출은 소셜네트워크서비스(SNS)를 통해 청년층을 파고들고 있다.

한편 청년들은 사회초년생으로 사회에 나가 경제 활동을 시작하면서 신용카드를 이용하게 된다. 현금을 가지고 다니지 않아도 되고 카드사마다 다양한 혜택과 할부 기능, 소득 공제 혜택 등 잘만 사용하면 매우 편리하고 유용하다. 하지만 신용카드의 과도한 사용은 연체와 채무로 이어지며 신용불량자로 이어질 수 있기에 지금 사회초년생 20대들은 신용카드를 현명하게 사용하는 방법을 숙지해야 한다.

사실 신용카드는 쓰지 않는 것이 좋다. 특히 살림규모가 적은 1~2인 가구나 20~30대 청년들은 소비지향적이기 때문이다. 지출통제가 어려운 사람도 쓰지 않아야 한다. 포인트, 마일리지 등의 혜택 때문에 카드를 사용할 필요는 전혀 없다. 필수지출내역 결제 및 신용등급 관리 등으로 신용카드 사용이 필요하다면 가계부 작성 및 지출통제가 선행되어야 한다. 카드를 써야 하다면 나에게 필요한 혜택이 무엇인지 스스로 생각하고 찾아보자. 소비를 부추기는 것은 자본주의의 일상이다. 피할 수 없는 흐름이라면 스스로 물살을 헤치고 나아갈 수 있는 능력을 키워나가야 한다.

💲 20대 사회초년생 신용카드 현명하게 사용하는 방법

① 나에게 딱 맞는 신용카드 선택하기

나의 생활 패턴을 고려하여 내가 주로 어디에 돈을 지출하는지 사용처를 파악하고 교통비, 외식비, 여가 등등 본인의 지출에 혜택이 많은 신용카드를 선택하는 것이 도움이 된다.

② 신용카드 이용대금 결제일 반드시 지키기

신용카드는 이용대금 결제일이 존재한다. 만약 연체로 이어지는 경우 결제금액+연체이자를 부담해야 한다. 무엇보다 연체로 이어지는 경우 신용도 하락으로 이어지며 금리가 인상되거나 카드 사용 정지, 대출 이용 시 불이익 등을 받을 수 있기에 월급날 일주일 사이로 지정하여 연체가 되지 않도록 철저한 관리가 필요하다.

③ 신용카드 한도 낮추기

신용카드 한도가 높으면 잠시 뿌듯할지도 모른다. 하지만 이것은 어리석은 감정이다. 자신의 월급보다 한도가 높은 경우 생각지도 않았던 지출을 하게 되어 난감해질 수 있기 때문이다. 한 달 지출 규모를 설정하여 그 한도만큼만 신용카드를 이용해야 한다. 그것이 과소비를 막는 길이다.

④ 할부보다는 일시불 이용하기

신용카드는 큰 목돈의 부담 없이 할부를 이용할 수 있다는 장점이 있다. 하지만 할부 금액이 점차 쌓이면 추후에 매달 결제해야 하는 금액이 늘어나게 된다. 이렇게 할부가 쌓이면 한도가 축소되어 다음 달에 사용해야 할 한도를 사용하지 못하게 될 수 있으므로 할부보단 일시불을 이용하고 매달 사용한 만큼만 결제하는 습관을 들여야 한다.

절제와 합리적인 소비는 곧 재테크의 기본이며 새로운 시작의 밑그림이다. 젊은 사회 초년생이 해야 할 가장 중요한 요소는 인생 전반의 재무 플랜을 수립하고 한 걸음씩 나아가 재무 목표를 이루는 것이다. 당장의 즐거움은 미래의 빚으로 돌아오니까.

💲 젊은이들 상대, '대리입금' 고리사채 막아야 한다

10~20대의 고리사채, 어찌할 것인가? SNS 검색창에 '대리입금' 또는 '댈금'이라 쳐보면 참으로 가관이다. 검색결과엔 사채 쓸 것을 권유하는 홍보물들이 가득하다. '사채'라고 하면 들통날까 봐 돈 빌리는 사람의 지급행위를 대리한다고 해서 '대리입금'이라는 말로 교묘히 포장하는 것이다. 또한 수고비라는 명목으로 이자를 받고, 지각비라는 명목으로 연체이자를 받는다.

예전 '현역' 때 신고받은 마네킹 대출(주점 여종업원대출)이 떠오른다. 채무자 여종업원의 몸무게가 늘면 '몸무게 초과수당'을 이자로 뜯어가던 못된 사채업자도 있었다. 한탕주의에 빠져 쉽게 고리사채 이자놀이를 하면 엄연히 법적으로 처벌도 가능하다. 3년 이내의 징역이나 3천만 원 이하의 벌금형이 가능하다. 다만 이자제한법에 보면 10만 원 이하는 이자제한을 하지 않는다는 맹점을 이용한다며 수사당국은 손을 놓고 있다. 광고까지 하면서 돈놀이를 하는데 말이다. 모두가 대부업법 위반인데 말이다. 어서 빨리 검·경·사이버수사대는 움직여야 한다.

물론, 젊은이들을 범법자로 만들자는 소리는 아니다. 하지만 이쯤 되면 훈방을 하더라도 경고등을 켜주어야 한다는 생각이다. 중장기적으론 우리 자녀들에 대한 금융교육을 강화해야 한다. 댈금, 지각비 등 청소년 대상 고리사채까지 성행한다는 소식을 들으면 누구나 개탄스러워한다. 서민금융연구원이 진행한 설문조사를 보더라도 20대들이 대부업에서조차 탈락하는 비율이 급격히 높아지고 있는 것으로 나타났다.

💲 한탕주의에 빠진 청소년, 제동이 필요하다

청소년들 사이에서 유행하는 온라인 도박은 사설사이트를 이용해 다양한 스포츠게임을 다루며, 스포츠토토를 비롯해 달팽이 게임, 사다리 게임, 바카라, 룰렛, 윷놀이 등 그 종류가 다양하다. 상승하는 그래프가 멈추기 전에 '즉시출금'을 누르면 돈을 따는 소셜 그래프, 뽑기와 비슷한 확률형 모바일, 온라인 게임도 있다.

이런 게임은 5~10초 안에 단판이 나기 때문에 중독성 또한 매우 높은 것으로 알려져 있으며 페이스북 등의 SNS 광고를 통해 급속도로 퍼지고 있다. 이러한 광고는 주로 단판에 몇 백만 원까지 벌 수 있다며 과장한다. 이런 과장된 광고에 혹한 청소년들은 쉽게 속아 넘어갈 수 있다. 실제 대부분의 불법 도박 사이트들은 실명인증 등을 거치지 않고 미성년자들의 가입도 쉽게 진행시키곤 한다. 하지만 경찰 단속은 쉽지가 않다.

운영 IP도 해외로 나오고, 계좌번호도 대부분 대포통장을 사용하기 때문에 추적이 어렵다. 불법 인터넷 도박으로 형사 입건된 10대 청소년이 3년 사이 3배 이상 늘었고, 한국도박관리센터에서 상담 받는 청소년 중 고액을 잃은 경우도 25%나 된다. 적은 수치가 아니다.

청소년 도박문제는 아직 그 실태가 수면 위로 드러나지 않아 심각해 보이지 않는다. 하지만 도박으로 돈을 잃은 청소년 가운데 일부는 자금을 마련하기 위해 불법 사채에 손을 대 깊은 수렁에 빠지거나 절도, 폭력, 인터넷 사기 등 범죄로 연결되는 사례가 빈번하다. 이것은 분명 심각한 문제이다.

교육 당국은 위험성을 인지해 사이버 도박 예방교육에 적극 동참해야 한다. 스마트폰으로 주로 도박을 하기 때문에 교내 휴대전화 사용제한은 물론, 도박사이트의 엄격한 성인인증이 필요하다. 이 문제를 주관하는 부서를 만들고 예방교육을 의무화하는 법안도 마련해야 한다. 불법 사이버 도박 근절을 위한 특별단속을 벌이는 가운데 청소년들을 위한 사회적 환경 조성이 시급하다.

자제력 없는 당신!
당장 신용카드를 잘라라!

개인 사업을 하고 있는 32세의 남성 방 씨. 그는 신용카드를 자주 이용하는 편이다. 나갈 돈이 생각보다 많아서 신용카드를 평소보다 많이 사용하다 보니 금액이 하도 많이 쌓여 가게 매상으로 메꿀 수도 없고 골치가 아팠다. 결국 신용등급도 낮아졌다. 원래 신용카드도 많이 쓰는 편이 아니었지만 사업을 하고 난 후 신용카드를 많이 쓰게 되었다. 방 씨는 다른 카드는 손 한번 대본 적이 없었다. 신용카드가 있으니 다른 체크카드는 눈길조차 가지 않았다. 월 순수익이 4~7백만 원이나 되었으나 신용등급은 7등급으로 하락했다. 오늘도 그의 자제력은 유리처럼 약하기만 하다.

💲 저축의 적은 신용카드다

자신이 얼마를 버는지 알고 있는 사람은 많지만 얼마를 쓰는지 알고 있는 사람은 적다. 항상 월급날이면 급여가 통장에 꽂히기 무섭게 '빚쟁이'들이 월급을 퍼간다. 그중 가장 큰 주범은 바로 신용카드다.

'신용 사회', '신용카드'라는 말은 자제력 없는 사람에겐 사치일 뿐이다. '신용'이라는 말 대신 '빚 사회', '빚 카드', '외상카드'라고 부르는 게 맞다고 생각한다. 신용카드는 단순히 물건을 외상으로 구매하고 돈을 빌리는 수단에 그치지 않는다. 소득 이상의 필요를 추구하게 만들고, 우리의 필요를 채워 주는 공급자 지위를 가게 된다. 하지만 신용카드를 전혀 쓰지 않는 것이 쉽지만은 않다. 신용카드는 현대에서 필수 소비 수단으로 정착하고 있다. 현금을 안 받고 카드만 받는 식당이나 카페도 등장하고 있다.

사람들이 신용카드를 사용하는 이유는 다양하다. 일단 편리하다. 지금 당장 돈을 갖고 있지 않아도 물건을 구입하거나 서비스를 이용할 수 있다. 각종 소득공제나 포인트 혜택도 누릴 수 있다.

그러나 신용카드를 쓰는 것은 미래에 대출을 받는 것과도 관련이 있다. 신용등급은 목돈이 필요해 돈을 빌려야 할 경우 대출이 되는지 안 되는지 결정하므로 마땅히 신경 써야 한다. 따라서 신용카드로 대출을 받을 때 신용카드 쓰는 노하우를 알아야 신용등급이 내려가지 않는다. 신용카드 사용법을 알아보고 신용등급 높이는 법을 알아보자.

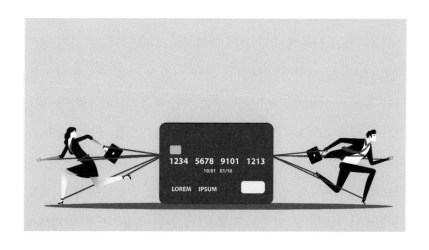

$ 오래 쓴 신용카드, 버리지 말자

신용카드를 사용할 때 먼저 적당한 한도를 설정해야 한다. 설정한 한도가 2백만 원인데 2백만 원을 거의 다 쓰면 위험하다. 한편 한도가 4백만 원으로 두 배일 때, 2백만 원을 쓰게 되면 절반만 썼기 때문에 안전하다. 따라서 카드사가 제공하는 제일 높은 한도를 정한 후 한도액의 최대 50%만 쓰는 것을 추천한다. 또한 사용 기간이 긴 카드는 해지하지 않는 것이 좋다. 오래 쓴 신용카드 같은 경우 지금까지 성실하게 갚은 기록이 남아있기 때문이다. 그러므로 해당 카드를 해지하면 성실하게 갚은 기록도 지워지는 것이다. 또 신용카드와 더불어 체크카드도 써주는 것이 좋다. 체크카드 사용 기록은 신용조회사가 금융사를 통해 사용 실적을 받아와서 제출할 필요가 없다.

$ 신용카드 회원의 탈회와 해지

신용카드를 사용하지 않을 때 해지하는 것과 탈회, 두 가지 방법이 있다. 우선 해지하는 방법은 모든 서비스 사용 권한을 포기한다는 말이고 신용카드를 탈회한다는 것은 신용카드와 더불어 해당 카드로 맺은 계약도 다 끝내는 것이다. 신용카드를 해지한다면 카드사가 자신의 거래 내역을 5년에서 10년까지 갖고 있게 된다. 그러므로 카드사에서 카드를 재발급 받을 때 발급심사를 받을 필요가 없으나 개인정보 안전이 약화된다. 반면 신용카드를 탈회하게 되면 카드사와 했던 계약이 카드와 더불어 종료돼서 개인정보 보호와 더불어 금융사고 예방 효과가 있다. 만약 카드를 재발급할 경우 신규가입으로 분류돼 신규 발급심사를 받아야 한다. 신용카드를 발급하거나 해지하는 것은 신용등급과 상관이 없다. 카드에 적립된 포인트 역시 해지한다고 바로 없어지는 것이 아니라서 환급받을 수 있다.

한편 신용카드를 쓸 때 현금서비스 같은 대출을 받게 된다. 신용카드 대출서비스를 이용하면 카드사가 볼 때는 현금 부족으로 보여 신용등급을 낮추게 된다. 그러므로 슬기로운 대출이 필요하다. 신용카드로 대출을 받을 때 한두 번만 받으면 신용등급을 크게 좌우하지 않지만 소액 대출을 자주 받으면 카드사가 봤을 때 '돌려막기'를 의심할 수 있다. 그러므로 소액대출을 이용하면 낮은 신용등급을 받는다. 그러므로 현금서비스나 카드론을 꼭 이용해야 한다면 큰 금액을 한 번에 빌려야 한다. 단 이러한 방법을 사용하면 대출금 상환 시 이자의 액수가 상대적으로 높다.

💲 신용카드 연체와 리볼빙 서비스

신용카드 대금 하루 연체는 괜찮지만, 신용카드 연체 5일 차가 되면 주요 카드사에 신용카드 연체 사실이 공유돼 다른 신용카드도 사용할 수 없게 된다. 또 카드대금 한 달 연체 시 신용등급이 떨어지고 신용불량자로 등재돼 핸드폰 개통을 못 하는 등 원활한 금융거래가 힘들어진다. 이에 신용카드 연체가 우려될 때는 신용카드 리볼빙 서비스로 신용카드 돌려막기를 해 카드대금 연체를 막는 것이 좋다. 리볼빙이란, 신용카드 대금 중 일부는 갚고 나머지는 다음 달 결제일에 갚는 일부 결제금액 이월약정제도다. 리볼빙 한도는 리볼빙 약정결제 비율만큼이며, 리볼빙 이자는 카드사 정책과 본인 신용등급에 따라 다르다. 단, 카드 리볼빙 서비스를 너무 자주 이용하면 신용등급이 떨어질 수 있어 주의해야 한다.

💲 저축하고 남은 돈을 쓰려면 체크카드는 필수

월 평균 소비규모를 파악한 뒤 한 달 생활비로 통장에 남겨두는 금액을 정한 다음 필자가 제일 먼저 한 일은 신용카드를 잘라버린 것이다. 그리고 생활비 통장에 연계된 체크카드를 만들었다. 체크카드는 통장 잔액 한도 안에서 신용카드처럼 편리하게 쓸 수 있다. 교통카드 기능도 덧붙였다. 이때 한 달에 3백 원 정도의 서비스료가 붙는다. 카드를 긁을 때마다 사용금액과 잔액금액이 표시되니 소비에 대한 자제력이 안 생길 수 없었다. 해외여행에서도 체크카드로 결제할 수 있었다. 신용카드와 버금가는 부가서비스도 누릴 수 있다. 연말정산 때 돌려받는 금액도 체크카드가 신용카드보다 많다.

신용카드는 재테크의 적이므로 당장 잘라버리는 것이 좋다. 특히 소비 패턴이 정립되지 않은 사회 초년생이나 지출통제가 어려운 사람들은 무조건 신용카드를 없애야 한다. 지갑에서 현금을 꺼내어 소비를 할 때 사람들은 고통을 느낀다. 하지만 이 현금이 플라스틱으로 만들어진 신용카드로 대체되면서 고통이 많이 약해졌다고 한다. 이 말은 곧 지출에 대한 감각이 무디어짐을 뜻한다. 무딘 소비감각은 다시 무분별한 소비로 이어진다.

심지어 이제는 실물 카드 사용은 구식이고, 스마트폰 안에 내장된 결제 기능을 사용해 폰 하나로 모든 것을 할 수 있다. 돈을 쓰는 것이 갈수록 점점 더 쉬워지고 있는 시대다. 하지만 소비를 줄이려면 좀 불편하게 아날로그 소비자가 될 필요가 있다. 빠르고 편한 것만큼 위험도 크다는 사실을 명심해야 한다.

유대인의 철저한 금융교육

유대인들처럼 자녀들에게 금융교육을 잘 시킬 필요가 있다. 유대인들의 성인식에는 조부모님 중심으로 부모님, 친척, 친구들이 초대받는다. 성인식을 하는 주인공에게 꼭 성경(토라), 손목시계, 축의금을 선물하게 된다. 성경을 주는 이유는 이제부터 부모의 중간 역할 없이 하나님과 직접 마주하는 독립적 나이가 되었음을 인정하기 때문이다. 또한 자기 존재의 정체성을 갖는다는 의미도 내포되어 있다. 시계는 시간의 소중함을 알게 하며 사람과의 약속을 소중히 하라는 의미로 준다. 이때 부모님과 조부모님이 건네는 축의금의 액수가 상당하다고 한다.

유대인이 세계적으로 잘사는 이유가 바로 이러한 경제교육 덕분이라고 한다. 축하금으로 받은 돈은 금융상품에 자녀 이름으로 저축한다. 이후에 자녀는 자금의 흐름을 지켜보면서 부모로부터 가르침을 받게 된다. 유대인 아이들은 어린 시절부터 손에 동전을 쥐어주며 돈의 가치를 알게 된다. 또한 '쩨다카'라고 하는 자선에도 참여하게 된다. 세계 경제계에서 두각을 나타내는 유대인들의 경제공부는 이렇듯 가정에서부터 시작된다. 그렇다면 우리는 어떠한가. 우리는 우리 자녀들에게 과연 그렇게 가르치고 있을까? 돈을

268

잘 쓰는 요령부터 돈을 함부로 빌리면 위험하다는 교육을 시키고
있을까? 잘 되새겨 볼 필요가 있다.

Epilogue

아로마 테라피, 워터 테라피… 세상에 무수한 테라피 중에서 제일은 '머니 테라피'라는 말이 있다. 즉 그만큼 돈은 우리 인간의 무수한 욕망이 투영된 최적 집합체라는 뜻일 게다.

하지만 모든 사람들이 돈으로 즐겁고 편리하고 행복하기만 한 것이 아님을 우리는 잘 알고 있다. 많은 이들이 돈과 관련하여 아픈 경험을 한두 번 정도 갖고 있을 것이다. 극심한 고통으로 절망의 나락에 빠져 자포자기한 경우도 심심찮게 본다. 급기야 자신은 물론 소중한 가족들의 목숨까지 잃기도 한다. 오죽하면 2천 년 전 사마천司馬遷은 『사기史記』 「화식열전貨殖列傳」에서 '자기보다 돈이 많은 사람에겐 하인노릇 한다'고까지 돈의 비정함을 말하고 있겠는가!

건강에 조금만 이상이 오면 즉시 병원을 찾아 치료를 받으면서도 과다 부채로 인한 '채무병'의 치유에는 왜 관심이 덜할까? 모든 것이 내 탓이라는 자기책임 의식이 강하기 때문에 주위 사람들에게 채무사실을 알리기가 창피하기 때문일까? 병을 고쳐줄 의사가 없어서이기 때문일까? 치유를 하고 싶은 분들에게 과연 최적의 골든타임은 언제일까?라는 화두를 갖고 2001년부터 필자의 서민금융에 대한 관심은 시작되었고, 2016년 금감원을 퇴직한 이후에도 (사)서민금융연구원을 설립하여 운영하고 있지만 아직도 명쾌한 해법을 찾지 못하고 있다.

신용도 추락으로 개인이 아프면 그들이 속한 사회도 아프게 된다. 한 개인의 금융문제는 그 개인에서 그치지 않고 금융시스템, 나아가 사회 전체에 전이되어 허약하고 병들게 만든다. 그 개인이 속한 사회 구성원에게도 영향을 미침은 물론이다. 사회가 이들을 포용해야 하는 까닭이다. 채무병은 난치병이나 불치병이 아니다. 단지 감염병일 뿐이다. 채무 의존형 부채바이러스가 활성화되는 메커니즘을 원천적으로 차단하여 그 감염의 고리를 끊으면 충분히 고칠 수 있다. 두더지 잡기 식의 임시방편, 대증요법으로 치료하면 재발이 되기 쉬우니 백신으로 근본적인 치료를 해야 한다.

또한, 일부 금융인의 일탈행위로 모든 금융인들을 도매금으로 약탈자, 범죄자 취급하기보다는 제대로 된 금융인들에게는 그 나름의 존재가치와 역할을 인정하고 금융이용자와 더불어 Win-Win할 수 있도록 유도해 나가야 한다. 금융인들이 돈을 빌리러 오는 분, 투자를 위해 찾아오시는 분들이 내 가족이라는 마음을 갖고 올바른 금융을 할 수 있도록 말이다.

한편 금융법률을 제정하고 정책을 입안, 시행하며 감독하는 정책입안자들은 현장의 목소리를 보다 더 경청하고, 현실에 맞는 대책을 입안하여 잘 시행될 수 있도록 해 나가야 한다. 정책 만드는 사람, 사후관리 하는 사람이 따로 놀아서는 안 된다.

다행스럽게도 예전과 달리 최근에는 금융권과 금융당국을 비롯한 각계각층이 빚의 전염 고리를 끊기 위한 대책들을 마련하고 있다, 그래서 하루하루 살기 힘들었던 금융 취약 계층들 역시 인식의 전환이 많이 이루어져서 돌려막기 같은 응급처치가 아닌 적극적인 채무조정을 통해 기존의 빚을 정리해 살 길을 모색하는 모습에 다소 안도감을 느낀다.

이렇게 포용적인 금융기반과 예방기능을 만들고, 삶에 지쳐있는 저신용, 저소득 계층에게 필요한 한 바가지의 물이라도 떠주기 위해 오늘도 고심하여 금융대책들을 수립하고, 실행하고, 평가하고 있는 금융위원회, 기획재정부, 금융감독원, 서민금융진흥원, 신용회복위원회 등 전 현직 종사자분들에게 지면을 빌어 감사말씀을 드린다.

특히 필자가 지금껏 서민금융관련 업무를 해오면서 진정성을 가지고 삶에 지친 서민들이 보다 나은 삶을 영위할 수 있도록 많은 정책을 쏟아내시는 민병두 국회 정무위원장님(서민금융연구원 정회원), 박선숙·김현미·최운열·추경호·김용태·성일종·김병욱 의원님 등 많은 입법기관 종사자 분들과 윤증현 전 경제부총리님, 신제윤·임종용·최종구 전 금융위원장님, 은성수 금융위원장님, 장용성 금융위 옴브즈만 위원장님(한국금융투자자보호재단 이사장), 손병두 금융위 부위원장님, 권혁세 전 금감원장님(現 서민금융연구원 명예이사장), 김종창·진웅섭 전 금감원장님, 윤석헌 금감원장님, 서태종 전 금감원 수석부원장님, 유광열 금감원 수석부원장님, 최준우 금융위원회 상임위원님, 양혁승 장기소액연체자지원재단 이사장님, 권대영 금융위 금융혁신기획단장님, 변제호 금융위 서민금융과장님 등 많은 분들에게 이 지면을 빌어 경의를 표하고 싶다.

또한 김용환 한국FPSB 회장님, 박제식 저축은행중앙회 회장님, 이계문 서민금융진흥원 원장 겸 신용회복위원회 위원장님, 문성유 한국자산관리공사 사장님, 김윤식 신협중앙회 회장님, 박차훈 새마을금고중앙회 회장님, 신용길 생명보험협회 회장님, 김용덕 손해

보험협회 회장님, 윤종규 KB금융지주 회장님, 조용병 신한금융지주 회장님, 김정태 하나금융지주 회장님, 손태승 우리금융지주 회장 겸 우리은행장님, 김지완 BNK금융그룹 회장님, 김태오 DGB금융지주 회장님, 김기홍 JB금융그룹 회장님, 임승보 한국대부금융협회 회장님, 구본영 한국소비자금융협의회 회장님, 양태영 한국P2P금융협회 회장님, 김성준 마켓플레이스금융협의회 회장님, 김우식 연세대학교 창의공학연구원 이사장님, 이인실 한국경제학회 회장님, 정유신 서강대 교수님, 이종욱 서울여대 교수님, 이기영 경기대 교수님, 고상순 힐링갤러리 회장님, 이종수 IFK임팩트금융 대표님, 김용덕 사회연대은행 대표님, 심의영 나이스평가정보 대표님, 강문호 코리아크레딧뷰로(KCB) 대표님, 이승건 토스(비바리퍼블리카) 대표님, 김태훈 뱅크샐러드(레이니스트) 대표님, 김민정 크레파스솔루션 대표님, 신현욱 팝펀딩 대표님, 박승대 스마일킹 대표님, 김태윤 아이시엔 대표님, 정광섭 뉴스토마토 대표님, 김선영 아이비토마토 대표님, 최기철 뉴스토마토 부장님, 최용묵·최낙겸·최성관 선배님, 2015년 보이스피싱사기 피해를 방지하기 위해 구성한 대포통장 전문가 모임의 KB국민은행 김용훈 과장님과 노승은 과장님, 신한은행 김종헌 차장님, 우리은행 박경범 차장님, 하나은행 정인구 지점장님과 김효기 부지점장님, NH농협은행 이동용 차장님, 농협중앙회 송재철 부부장님, IBK기업은행 권봉경 대리님, 보이스피싱 사기범의 목소리를 공개하는 데 도와주신 김동헌 지앤넷 대표님.

그리고 최윤 OK금융그룹 회장님, 손종주 웰컴금융그룹 회장님, 한국폴리텍대학 이상권 학장님, 김영표 신한저축은행 대표님, 차동구 前 제이티캐피탈 대표님, 김하중 DB저축은행 대표님, 정길호 OK저축은행 대표님, 배제환 더케이저축은행 대표님, 장매튜 페퍼저축은행 대표님, 이경희 금화저축은행 대표님, 박재순 오투저축은행 대표님, 오종민 한성저축은행 대표님, 오화경 하나저축은행 대표님, 권경진 동원제일저축은행 대표님, 이건선 부림저축은행 대표님, 유석현 스카이저축은행 대표님, 양현근 민국저축은행 대표님, 김충호 바로크레딧대부 대표님, 주환곤 에이원대부캐피탈 대표님, (사)더불어사는사람들 이창호 대표님 등 많은 분들과 금융감독원에서 오래전부터 서민금융업무를 같이해 오신 박상춘 국장님, 성수용 국장님, 김용실 전북지원장님, 김병기 강릉지원장님, 김상록 팀장님, 장환 팀장님, 전진춘 팀장님, 이형기 팀장님, 노희종 수석님, 권영발 팀장님, 안태승 수석님 등 많은 분들과 필자의 곁에서 항상 그림자처럼 도와주고 있는 서민금융연구원 가족인 김명일 이사님, 남경현 부원장님, 안용섭 부원장님, 김인호 사무국장님, 이현돈 이사님, (주)에이엔알커뮤니케이션 장동성 대표님, 금승환 간사님, 김희철 수석부원장님, 박덕배 부원장님 등 많은 분들과 감수를 도와준 한국FPSB의 김병태 본부장님, 이재웅 팀장님과 이 책 발간을 위해 많은 도움을 준 도서출판 행복에너지 권선복 대표님, 조정아 작가님 등 많은 관계자 분들에게 진심으로 감사드린다. 마지막으로 늘 차고 넘치는 아이디어와 용기를 주는 아내와 두 아들, 그리고 건강하셔서 매일 아침 반갑게 전화를 잘 받아주시는 부모님과 형제들에게도 고마움을 표한다.

늘 많은 분들의 도움 속에 살아가다 보니 감사한 분들을 다 적으려면 몇 날 밤을 새워도 부족하겠지만 이쯤에서 마무리한다. 채무로 인해 아프지만 절망에 굴하지 않고 적극적으로 치유책을 찾아내고자 노력하는 분들에게 많은 응원과 힘찬 박수를 보내며, 필자의 『머니 테라피』가 부채바이러스를 치유하는 데 조금이나마 도움이 되기를 간절히 기원하며 글을 마친다.

사람을 살리고 삶을 지키는 금융의 힘, '머니 테라피'가 많은 분들에게 삶의 돌파구를 위한 길잡이가 되어 주기를 희망합니다!

– 권선복
도서출판 행복에너지 대표이사

세상을 살아가면서 가장 중요한 것을 몇 가지 고르라고 하면 무엇을 고를 수 있을까요? 사람에 따라 각기 다른 것들을 선택하겠지만 그중에서 돈을 빼놓을 수는 없을 것입니다. 어쩌면 긴 삶 속 많은 자리를 차지하는 동반자 중 하나일 것입니다. 때때로 돈은 탐욕의 근원으로 여겨져 멸시당하기도 하지만 절제를 통해 현명하게 돈을 다룬다면 그것은 자신뿐만 아니라 소중한 가족과 주변 사람들을 행복하게 할 수 있을 것입니다.

이 책『머니 테라피』는 금융감독원 저축은행검사1국장, 여신전문검사실 국장, 금융감독원 선임국장을 거쳐 현재는 서민금융연구원의 원장으로 활동 중인 조성목 필자가 말하는 금융 이야기입니다.

약탈적인 금융구조가 서민들의 눈물을 부른다면 그 눈물을 씻어 주는 것 역시 금융이여야 한다는 확고한 포용금융의 철학, 시장의 기능을 인정하되 순기능을 할 수 있도록 정부가 도와야 한다는 예리한 경제적 통찰이 돋보입니다.

이 시점에서 저자는 왜 금융의 치유와 포용 기능을 말하고 있는 걸까요? 저자에 따르자면 올바른 금융은 바로 그 자체가 복지입니다. 소득 양극화 속에서 뒤처져서 불안정한 하루하루를 보내는 많은 서민들을 앞으로 끌어당겨 올바른 사회 구성원으로 재규합하는 금융의 소명에 대해 얘기하고 있습니다.

조성목 저자는 거시적인 금융의 역할뿐만 아니라 서민들의 눈물과 아픔을 감싸주고 그들의 경제 일상을 회복하기 위해 아주 작은 방법도 허투루 흘려보내지 않고 이 책에 담아내고자 노력했습니다.

내 전세금 지키는 방법, 합법적으로 고액 채무의 사슬에서 벗어나는 방법, 대출의 허와 실을 이해하고 나의 상황에 맞는 재무설계를 하는 방법 등 어려운 시대를 살아가는 서민들이 실질적으로 기댈 수 있는 금융 관련 팁을 풍성하게 담았습니다.

마치 체질에 따라 치유법이 달라야 하는 것처럼 금융의 문제는 그 원인이나 과정이 개인마다 차이가 있어 해법 또한 다르게 적용해야 한다는 것을 매우 잘 아는 저자만이 할 수 있는 머니 테라피일 것입니다.

조성목 저자는 금융감독원 재직 시 사금융 피해 상담센터를 통해 법망을 벗어난 불법 사금융의 폐해를 고발했으며 미소금융, 희망홀씨, 햇살론, 바꿔드림론 등을 고안하여 서민에게 도움이 될 수 있는 금융사회 실천에 노력한 바 있습니다. 또한 보이스피싱 사기범의 실제 목소리를 공개하는 '그놈 목소리' 공익광고, 보이스피싱 방지를 위한 통신사와의 연계 프로그램 등으로 연간 2천억 원에 달하던 보이스피싱 사기 피해액을 감소시키는 활약을 했습니다.

이 책이 담고 있는 금융 관련 팁들은 이러한 저자의 경험과 통찰을 담아 나와 가족의 소중한 돈을 지키는 데에 큰 도움이 될 수 있을 것입니다.

조성목 서민금융연구원장이 말하는 이 시대에 가장 필요한 서민들의 금융 이야기, 『머니 테라피』가 많은 분들에게 팍팍한 삶의 돌파구가 되어 선한 영향력과 함께 힘찬 행복에너지가 전파되기를 기원 드립니다.

'행복에너지'의 해피 대한민국 프로젝트!
〈모교 책 보내기 운동〉

대한민국의 뿌리, 대한민국의 미래 **청소년·청년**들에게 **책**을 보내주세요.

　많은 학교의 도서관이 가난해지고 있습니다. 그만큼 많은 학생들의 마음 또한 가난해지고 있습니다. 학교 도서관에는 색이 바래고 찢어진 책들이 나뒹굽니다. 더럽고 먼지만 앉은 책을 과연 누가 읽고 싶어 할까요?
　게임과 스마트폰에 중독된 초·중고생들. 입시의 문턱 앞에서 문제집에만 매달리는 고등학생들. 험난한 취업 준비에 책 읽을 시간조차 없는 대학생들. 아무런 꿈도 없이 정해진 길을 따라서만 가는 젊은이들이 과연 대한민국을 이끌 수 있을까요?

　한 권의 책은 한 사람의 인생을 바꾸는 힘을 가지고 있습니다. 한 사람의 인생이 바뀌면 한 나라의 국운이 바뀝니다. **저희 행복에너지에서는 베스트셀러와 각종 기관에서 우수도서로 선정된 도서를 중심으로 〈모교 책 보내기 운동〉을 펼치고 있습니다.** 대한민국의 미래, 젊은이들에게 좋은 책을 보내주십시오. 독자 여러분의 자랑스러운 모교에 보내진 한 권의 책은 더 크게 성장할 대한민국의 발판이 될 것입니다.

　도서출판 행복에너지를 성원해주시는 독자 여러분의 많은 관심과 참여 부탁드리겠습니다.

도서
출판 **행복에너지** 임직원 일동

문의전화　0505-613-6133